# DE LA

# PERSONNALITÉ

# HUMAINE

« Animal hoc providum sagax,
« multiplex, acutum, memor, plenum
« rationis et consilii, quem vocamus
« hominem. »

(Cic. de Leg. I).

## Henri GALLAIS

Deux fois Lauréat de la Société Nationale d'Encouragement au Bien
Décoré de la Médaille *Militaire*
Décoré de la Médaille du Tonkin
Chevalier de l'Ordre Impérial du *Dragon Militaire* d'Annam
Chevalier de l'Ordre Royal du Cambodge.

MONTDIDIER

IMPRIMERIE ADMINISTRATIVE A. RADENEZ

1901

# DE LA

# PERSONNALITÉ

# HUMAINE

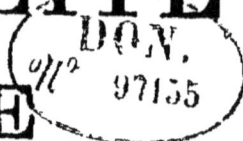

« Animal hoc providum, sagax,
« multiplex, acutum, memor, plenum
« rationis et consilii, quem vocamus
« hominem. »

(*Cic. de Leg. I*).

## Henri GALLAIS

Deux fois Lauréat de la Société Nationale d'Encouragement au Bien
Décoré de la Médaille *Militaire*
Décoré de la Médaille du Tonkin
Chevalier de l'Ordre Impérial du *Dragon Militaire* d'Annam
Chevalier de l'Ordre Royal du Cambodge.

MONTDIDIER

IMPRIMERIE ADMINISTRATIVE A. RADENEZ

1901

# DE LA

# PERSONNALITÉ HUMAINE

## DE LA MÉTHODE A EMPLOYER POUR RECHERCHER LES PRINCIPAUX CARACTÈRES DE LA PERSONNALITÉ HUMAINE. [1]

**Principes.** — Une des grandes peines de l'homme est l'incertitude; jeune, il accepte tout sans examen, sans réflexion, il voit avec ses illusions, mais un jour le charme se dissipe, c'est alors qu'il se replie sur lui-même, qu'il s'examine et cherche à connaître la vérité.

Ce qui manque donc au commun des hommes, nous dirions presque à tous, ce sont des points de conduite certains, des principes en un mot, qui sont la condition de toute existence, de toute organisation sagement ordonnée.

Pour cela, il faut surtout s'attacher à ramener l'homme aux notions simples et vraies, ce n'est qu'en scrutant avec sincérité sa personnalité que l'on peut se promettre de retrouver tous les titres de l'homme.

Pour bien comprendre l'homme il faut ensuite le considérer dans les diverses situations où il est placé, d'abord seul et isolément, puis en communication avec ses semblables.

Pour trouver le vrai ici comme en toutes choses, c'est l'expérience et l'observation qu'il faut consulter.

La simple application de nos sens nous donne déjà une certaine connaissance, mais vague et superficielle.

L'homme ignorant comme le savant voit les objets avec cette différence toutefois que l'un voit mal et ne pénètre

(1) De la Personnalité humaine, sujet de concours donné par l'Académie des Sciences Morales et Politiques pour le prix Bordin 1900.

rien, tandis que l'autre voit clairement et comprend parce qu'il sait observer avec intelligence et méthode.

La science humaine ne se borne pas à étudier les lois qui régissent l'ordre matériel et les êtres de la nature.

D'autres objets plus dignes de notre esprit éveillent sa curiosité et provoquent ses ardentes recherches; ce sont les choses même de l'esprit, dont l'ensemble forme un monde tout à fait à part, le monde de la pensée et de l'activité libre, l'esprit humain lui-même et toutes ses facultés.

Le domaine des sciences morales est bien distinct et séparé malgré les rapports nombreux qu'elles entretiennent avec les autres sciences (sciences physiques, naturelles et exactes), leurs procédés, bien qu'ils relèvent des lois générales de la pensée, offrent des caractères propres qu'il importe de ne pas méconnaître, des règles particulières qui doivent être suivies.

Quel que soit le domaine d'une science, elle ne comprend jamais que des faits à connaître et des questions à résoudre.

Les sciences morales ne diffèrent pas sous ce rapport des autres branches de la connaissance humaine.

Or, le moyen de connaître les faits, c'est l'observation.

L'esprit humain et ses facultés, les idées, les pensées, etc., tout cela se constate et s'observe selon les règles de la méthode expérimentale que suivent les autres sciences.

Ses procédés essentiels restent donc toujours les mêmes et nous n'aurions qu'à répéter tout ce qui a pu être dit de la méthode et de ses procédés.

Mais elle offre aussi des différences graves sur lesquelles il convient d'insister.

**Expérimentation.** — On sait que la connaissance vraie de l'homme intellectuel et moral ne peut s'acquérir que par l'observation interne de la conscience, l'attention de l'esprit sur lui-même, ou la réflexion, voilà le procédé initial que nul autre ne peut ni remplacer, ni suppléer, à l'observation doit aussi se joindre l'expérimentation.

Mais, dira-t-on, l'expérimentation est-elle possible dans les sciences morales ?

L'expérimentateur, il est vrai, ne peut y forger à son gré des expériences, ni créer artificiellement des faits, décomposer l'esprit comme on décompose l'électricité et la lumière.

Ici, point d'instruments et de laboratoires, le télescope et le microscope, les réactifs et les plus ingénieux appareils ne sauraient aider à rien.

Mais en étudiant le monde moral dont la face est si mobile et si diverse on peut par une comparaison attentive des objets, saisir l'élément fixe de la loi, et dans leur succession variée, démêler l'ordre et le progrès, telle est l'expérimentation dans les sciences morales.

L'induction se fait de même et offre les mêmes caractères, nous voyons donc que les procédés fondamentaux de cette méthode envisagée dans sa partie expérimentale et inductive, sont les mêmes que les procédés employés dans les sciences physiques et naturelles et les règles qui les concernent.

**Raisonnement.** — Le raisonnement joue aussi un grand rôle dans cet ordre de sciences, sans doute on en a beaucoup abusé, mais lorsque toutes ses règles sont observées et qu'une base solide lui est donnée, il est aussi certain que son emploi est fécond et utile.

En effet, outre qu'il se combine avec l'expérience dans l'interprétation des faits, il sert à discuter et à réfuter les opinions, enfin à tirer les conséquences des principes.

Le raisonnement revêt la forme scientifique et rigoureuse de la démonstration qu'il offre dans les sciences exactes, car on ne doit pas oublier que chaque méthode de raisonnement a ses moyens et ses règles.

Mais les règles générales sont les mêmes partout: « De principes évidents ne tirer que des conséquences évidentes, maintenir l'évidence à tous les degrés. »

Pour acquérir des connaissances utiles, étudier donc l'homme dans les ouvrages des philosophes, dans nos semblables et dans nous mêmes, se proposer toujours pour but l'utile joint à l'agréable.

Un sujet étant donc donné avec une matière plus ou moins développée, il faut d'abord reconnaître les éléments de cette première donnée et trouver par la méditation du sujet, les idées et les faits tant principaux qu'accessoires qui doivent former la contexture de la composition, c'est ce qu'on appelle *l'invention*.

L'invention pour être féconde exige que l'on médite à fond son sujet.

Il ne suffit pas d'avoir trouvé les matériaux d'une composition, il faut encore les présenter et *les disposer* dans l'ordre le plus favorable, selon la nature, l'intérêt et le but du sujet que l'on traite, c'est ce que l'on appelle la *disposition*.

La méthode des sciences morales est donc toute trouvée, c'est l'alliance du raisonnement et de l'observation.

Comment pourrait-on en effet décider une question sans le raisonnement qui applique les lois aux cas particuliers, démontre les propositions ou les théorèmes et résout les problèmes.

Quelles que soient ses applications diverses, ses règles et sa méthode ne changent pas.

Mais il importe de savoir distinguer les questions qui sont de son ressort de celles qui n'en sont pas, que l'expérience ou la raison décident.

La nature mixte de ces sciences rend ce discernement nécessaire.

La méthode est la marche que suit l'esprit humain dans la recherche de la vérité.

De la méthode dépend tout le succès de nos recherches dans tout ordre de connaissances.

L'analyse et la synthèse sont les deux procédés fondamentaux de toute méthode.

L'homme est fait pour connaître le vrai.

Or, les règles de la méthode ne sont que les lois de l'intelligence humaine réduites en principes et appliquées avec réflexion.

# L'HOMME ET L'ANIMAL

**Origine.** — Tous les êtres sont pourvus de la faculté de penser, mais à des degrés différents, suivant leur organisme.

L'homme commence dans un point imperceptible, *un atôme*, c'est là la substance première que nos sens et nôtre intelligence nous révèlent, cet atôme a préexisté et postexistera.

L'homme apporte en naissant des aptitudes, des forces ou des facultés, celles de sentir, de former des idées, de comparer des jugements par exemple, ce sont ces attributs qui le distinguent éminemment des autres espèces et suivant qu'ils sont plus ou moins parfaits, chaque individu est plus ou moins susceptible de se rendre remarquable et de s'élever vers la perfection.

Doué d'une organisation admirable, l'homme s'avance en effet graduellement dans l'exercice de ses facultés.

Au sortir du sein de sa mère, il n'est qu'une masse de chair, mis au contact de l'air, le mouvement et la vie s'emparent de son individu, il s'agite, il articule des sons, l'existence commence effectivement.

Peu à peu, les objets qui l'environnent lui font acquérir quelques notions, et la parole, ce grand *initiateur* se forme.

Grandissant, sa mémoire s'est affermie, il compare, juge et raisonne.

L'homme parle non seulement parce qu'il a des organes propres à la parole, mais surtout parce qu'il a des relations avec ses semblables.

Celui qui vivrait à jamais isolé aurait des gestes et quelques cris, mais il ne parlerait point, car la parole ne peut naître que de la communication réciproque.

C'est ainsi que le langage s'est établi avec la suite des siècles, il est dû à la vie sociale.

La faculté de former des pensées et de les exprimer par la parole et des signes est sans contredit l'attribut le plus noble de l'homme qui l'élève si haut au-dessus de toutes les autres espèces.

L'individu qui en serait privé pourrait bien avoir la forme extérieure de l'homme, mais il n'en aurait pas ce qui en fait l'essence, il ne serait qu'un automate.

L'instinct est cette disposition que nous apportons à satisfaire certains besoins corporels, et qui résulte du mécanisme animal et de la force vitale qui y est attachée.

Par cela même en effet qu'un être est constitué d'une certaine façon, cette constitution le dirige nécessairement vers le moyen de se conserver.

Mais cette tendance est purement physique, ce ne sont que des appétits communs à tous les animaux, à tout ce qui a vie en un mot.

**Virtualité.** — Un attribut que l'on doit considérer comme le premier en date dans l'organisme humain, c'est la force *vitale*, la virtualité qui réside dans l'homme et qui donne l'existence à toutes les parties de l'entendement et de sa personne sans exception.

Elle commence la série des facultés de l'esprit ou plutôt elle en est le principe, et partout on ne l'aperçoit distinctement que lorsque l'on est parvenu au sommet de l'échelle intellectuelle.

Toute la nature est animée d'une force intérieure qui la meut: *Mens agitat molem et magno se corpore miscet.*

La vie, le mouvement, comme tout ce qui est effet, ne peuvent s'expliquer sans une impulsion première qui leur sert de nominatif.

C'est elle qui nous porte à la recherche des choses, qui suggère notre volonté, qui donne naissance aux désirs, à la curiosité et à tous les phénomènes de notre existence.

**Unité.** — L'homme a donc un corps matière et un esprit intelligence.

Y a-t-il deux substances ou n'y en a-t-il qu'une ?

Voilà ce qu'il importe au plus haut degré d'approfondir.

Si nous prenons l'homme à son entrée dans la vie, tout est physique, l'intelligence ne s'aperçoit nulle part.

Bientôt, il est vrai, elle point, se montre, mais peu à peu elle semble suivre les développements corporels, pendant les maladies elle est faible, dans le délire, elle est

absente, voilà des motifs pour croire que ces deux substances n'en forment réellement qu'une seule.

Les différentes sensations que nous transmettent nos
organes extérieurs, ne sont-elles pas ce pont qui conduit de
l'étendu à l'inétendu, la transition du palpable à l'impal-
pable, la transformation enfin de l'objet corporel en objet
incorporel ?

Or, ces choses opposées et diverses ne pourraient pas
se transmuer ainsi l'une à l'autre si elles n'appartenaient
pas à une seule et même nature.

Il est permis en effet de croire que la pensée est l'attribut de la vie, l'observation mène à cette conséquence.

Tout dans l'univers aboutit à un seul ensemble, à une
seule substance, à l'analyse on reconnaît dans les différents règnes de la nature, les éléments constitutifs de la
matière générale, de la terre, de l'eau, de l'air, du calorique.

L'homme entre autres est un composé de tous ces
éléments émergeant à un haut degré l'esprit et la raison.

Pour qui sait voir, le monde sent, se meut, parle et pense.

Ce qui a conduit à imaginer deux substances, c'est la
diversité qui se manifeste entre les phénomènes intellectuels et les phénomènes corporels.

Tout dans la nature se lie, tout est contigu, tout est en
tendance réciproque, tout projette à l'unité, tout par conséquent tombe en une unité de substance.

Les différents objets, les sphères, les mondes s'agencent
et concourent comme membres d'un même corps, la
matière se modifie indéfiniment et diversement, mais
toutes ces parties sont incohérentes et mises en communication incessante par un principe commun universel.

Toutefois qui dit deux substances dit par cela même
intervalle, séparation si imperceptible qu'elle soit.

Oui, observez avec soin, raisonnez sans prévention, et
vous vous convaincrez facilement que si tout dans le
monde varie, tout néanmoins se tient, est continu et
aboutit à l'unité.

Le physique agit sur le moral et le moral réagit sur le
physique, il y a action et réaction constantes, il n'en peut
être autrement, le pondérable touche à l'impondérable, le
ressort corporel détend le ressort intellectuel et réciproquement celui-ci ressaisit le premier, pour ainsi continuer
leur commune activité dans un seul système.

De la sorte s'établit cette alternative qui constitue
la vie.

Dans la réalité, il n'y a qu'une seule substance *unimultiple*, puisqu'elle se multiplie incessamment dans l'unité.

En deçà et dans le langage il peut y avoir des substances secondes et de convention, mais toutes se résument dans la première, dans l'unique.

Raisonner hors de ces notions ce n'est pas philosopher.

Les anciens, pour rendre leurs idées populaires, personnifiaient les attributs de la nature, de là la multiplicité de leurs Dieux.

Mais au-dessus de cette multitude planait l'idée d'une cause, d'un principe unique.

**Sensation.** — L'homme partage avec les animaux la capacité de sentir, mais chez lui elle a beaucoup plus d'étendue et une plus grande portée, si dans l'ordre intellectuel la sensation n'est pas le principe de nos connaissances, elle en est la condition.

Mais l'homme n'est pas seulement fait pour connaître le vrai, contempler et admirer le beau, il est surtout né pour agir et réaliser *le bien*, sa volonté doit obéir à la règle que sa raison lui révèle.

La liberté morale ou le libre arbitre réside essentiellement dans la volonté, la liberté est l'attribut distinctif de l'homme aussi bien que la raison.

L'homme se définit un *être raisonnable et libre.*

La personnalité humaine est attestée par la conscience.

En effet, pour peu que l'on réfléchisse on reconnaît bientôt que les phénomènes de la pensée ont un principe unique qui est *le moi*, que ce principe est toujours le même, qu'il est parfaitement libre et indépendant, qu'il ne s'absorbe dans aucun autre.

Le moi se révèle dans la sensibilité, nos passions et nos désirs ont pour origine et pour but notre être individuel (égoïsme).

La liberté est le principe de la dignité humaine, de toutes nos grandeurs et de toutes nos misères.

Il faudrait régler les penchants, développer les affections bienveillantes et honnêtes, restreindre et réprimer la haine, *odia restringenda*, dit Tacite, étouffer en nous l'envie, vaincre les passions, en un mot subordonner tous les mouvements aveugles ou réfléchis de la sensibilité, de l'intérêt, de la passion, toutes les servitudes de l'habitude, aux directions supérieures et seules vraiment libres de *l'intelligence morale.*

**Sociabilité.** — L'homme est en effet né pour vivre en société, son activité se déploie dans la vie sociale, son organisation même qui plus longtemps que les autres animaux le rend dépendant des êtres qui l'entourent, la multiplicité de ses besoins et des moyens nécessaires à sa conservation, l'instinct sympathique, ce penchant qui l'attire vers ses semblables et ne l'abandonne jamais, lors même qu'il a le plus à se plaindre de leur injustice, la souffrance qu'il éprouve lorsqu'il se trouve isolé de tout commerce avec eux, tout nous démontre que l'état social est pour lui l'état naturel.

Déjà l'affection de la famille, ce berceau de la société civile donne à cette première association une fixité qu'elle n'a pas chez les espèces animales.

D'autres rapports se forment qui établissent une réciprocité de devoirs et de droits, propres à resserrer les liens qui les unissent, ils donnent à la société une base indestructible.

La culture des facultés humaines n'est possible, leur perfectibilité n'est réelle qu'à la condition de l'échange et de la transmission des idées.

L'homme ne peut remplir sa distinction morale qu'en rapport avec ses semblables.

Autrement, condamné à l'ignorance, esclave de ses appétits grossiers, il différerait peu de la brute et le règne animal compterait une espèce de plus, c'est au sein même de la société qu'il trouve l'occasion et les moyens d'exercer les nobles et brillantes facultés qui le distinguent.

Elle est le champ destiné à faire éclore ses vertus et ses vices, la carrière ouverte à son activité, le théâtre où sa liberté se déploie, le monde des merveilles qu'enfante son génie dans l'Industrie, la Science et les Beaux-Arts.

De ses rapports avec ses semblables naissent pour l'homme des devoirs, les uns généraux, les autres particuliers, selon qu'il est considéré comme membre de la *Société humaine* en général, ou faisant partie des diverses associations qu'elle renferme dans son sein, telles que la famille ou la société domestique ou privée, la société civile ou l'État.

Nous sommes nés, dit Cicéron avec raison, pour l'union et la réunion des hommes et la naturelle communauté, ces sentiments se manifestent aux divers degrés de la vie sociale.

**Perfectibilité.** — Mais ce qui ne laisse aucun doute, c'est la propriété *perfectible* dont l'homme est pourvu qui n'appartient pas à aucune autre espèce.

Toutes les facultés spirituelles de l'homme naissent dans les sensations et se terminent dans *la raison,* laquelle est le résumé, l'ultimatum de la fonction mentale.

Les faits, le témoignage de nos sens, nos moyens d'aurification, en un mot, ne permettent pas d'assigner d'autre origine à nos idées, d'autre régulateur à nos opinions.

Les sens sont propres à l'homme et aux animaux, mais la raison est l'attribut qui fait de l'homme un être supérieur.

La raison est en effet la faculté que possède l'homme d'apprécier à sa juste valeur tout ce qui tombe sous son attention, c'est aussi l'acte de l'entendement qui consiste à prononcer sur un sujet quelconque.

La raison suppose toutes les autres facultés et elle en est le point culminant, c'est elle qui le distingue essentiellement de toutes les autres espèces, et qui lui donne la prééminence sur tout ce qui a vie.

La difficulté est la juste raison, l'accord dans tous les cas de la sensibilité avec la raison, c'est à cela que doivent être dirigés les efforts de la philosophie et de la morale, car sans cet accord il n'y a pas de bonheur possible.

L'être humain apporte avec la vie tout ce qui est nécessaire à sa destination, c'est vouloir dénaturer l'homme que de ne pas prendre en toutes choses, sans exception aucune, la raison pour arbitre.

Chacun, cela est incontestable, a le droit de faire usage de sa propre raison et d'employer les moyens qui sont à sa disposition pour la faire valoir auprès des autres, mais la raison commune, c'est-à-dire celle du plus grand nombre, celle qui prévaut en masse, celle-là seule fait loi, c'est la direction de la société, la souveraine universelle de l'humanité.

Les animaux ont un instinct qui n'a pas besoin de raisonner et qui par conséquent ne se trompe pas.

La raison seule de l'homme, en raison même de son libre arbitre peut et doit se tromper.

Pourquoi les hommes en général et même certains philosophes en particulier, comme Plutarque et Montaigne, veulent-ils donner le raisonnement aux animaux ?

Parce que, dit Bossuet, les hommes mettent leur félicité comme les bêtes dans les choses qui flattent leurs sens, et se plaisent ainsi à rabaisser ce qu'il y a de plus noble en eux,

L'homme, animal superbe qui veut s'attribuer à lui-même tout ce qu'il connaît d'excellent, fait des efforts pour trouver que les bêtes le valent bien, ou qu'il y a peu de différence entre lui et elles.

Cependant l'animal ne connaît ni le bien, ni le vrai, il ne saurait saisir ni la raison et la vérité, ni les règles de la justice de la société, ni le mérite, ni le démérite.

Donc l'animal agit comme une merveilleuse machine agissant par habitude, et ne prend des habitudes contraires à son instinct que par la force comme dans le dressage.

En outre, les animaux n'inventent rien et ne changent rien, parce qu'il y a deux causes des inventions et de la variété de l'espèce humaine.

Ces deux causes sont: 1º la réflexion; 2º la volonté.

Or, la réflexion manque aux animaux qui sont conduits par l'instinct, l'appétit, la passion, c'est-à-dire par des impressions purement sensibles.

Tous les animaux sont en effet stationnaires, tous font aujourd'hui ce que leurs prédécesseurs ont fait à tout jamais, aucun progrès ne peut être noté.

L'homme au contraire essaie de tout, il invente, il abandonne, il perfectionne, il est dans un mouvement d'ascendance continuel, ses idées augmentent sans cesse et celles du présent tendent toujours à rectifier celles du passé, son aspiration incessante vers de nouvelles possessions supérieures plus exquises atteste sa nature progressive.

Plus les hommes se renouvellent, plus la masse des idées en circulation devient considérable par la transmission qu'une génération en fait à une autre, plus par conséquent il y a de contrôle et d'amélioration de *progrès* en un mot.

**Prog. és.** — Le progrès c'est une idée produite par des idées antérieures, le nier, c'est dire que la maturité ne l'emporte pas sur l'enfance et la jeunesse en lumières et en prudence.

L'homme tend au repos, a-t-on dit, mais par le mouvement et l'action, en sorte qu'il est exact de dire que le mouvement, l'activité est son état normal.

Il est même permis de croire que l'homme physiquement parlant n'a pas toujours été ce que nous le voyons actuellement, que ses formes se sont modifiées, et par conséquent pourront se modifier encore selon la loi du progrès.

Ce qui manque aux animaux ce sont surtout les signes, s'ils avaient les nôtres ou l'équivalent, qui sait ce qui en résulterait ?

Certains prétendent que l'homme descend du singe. Il serait plus raisonnable de dire que nous remontons du singe, car nous serions en ce cas des singes perfectionnés.

Trois choses constituent la personnalité humaine : 1° l'intelligence; 2° la volonté libre; 3° l'amour qui naît du sentiment de soi-même.

L'homme est éminemment progressif, c'est sa loi, de s'avancer vers le perfectionnement.

Rome à sa naissance était une petite caverne, après quelques siècles elle était devenue la métropole du monde civilisé.

Voilà l'image de ce que peut l'homme.

Une grande erreur, fruit de l'égoïsme, a longtemps régné parmi les hommes et retardé la marche de leurs progrès, c'est de se considérer comme un être à part, ayant ses intérêts distincts et souvent opposés aux intérêts des autres.

Dans la réalité, le genre humain ne forme qu'un être, les variétés que l'on remarque dans l'espèce ne conduisent pas à la connaissance d'autant de germes primitifs différents, elles sont tout simplement l'effet du climat et d'accidents particuliers.

L'homme, l'humanité n'a qu'une seule source et si la société était bien organisée, si une foule de préjugés et de vices n'étaient venus à la traverse de cette éducation de la nature, il n'y a pas un homme qui ne se consacrât à la prospérité et au bien-être communs, car il y trouverait sa prospérité et son bonheur propres.

Les individus qui composent l'humanité changent incessamment de forme, mais jamais de nature, ils restent dans le genre qui leur a été assigné et y subissent les modifications que l'ordre général de l'Univers comporte.

Le principe que l'humanité ne forme qu'un seul être en même temps qu'il mène inévitablement à sa suite l'égalité entre tous les hommes, établit des limites à la liberté de chaque individu, en ce sens que chacun doit agir de manière à ne pas nuire à l'ensemble.

Chaque individu doit être comme chaque membre d'un même corps, il ne doit point se mouvoir de façon en se satisfaisant à compromettre l'harmonie et le bien-être du tout.

Quand on sera bien pénétré de la vérité de cette grande loi, que de préjugés se dissiperont et de réformes surviendront !

Les rapports d'homme à homme et de nation à nation, recevront alors le caractère de charité que chacun sent en soi.

La haine disparaîtra !

# DES PRINCIPALES FACULTÉS DE L'HOMME

## L'INTELLIGENCE.

**Raison.** — L'intelligence est de toutes nos facultés la plus noble et la plus digne de notre étude.

En quoi, en effet, l'homme diffère-t-il des animaux et leur est-il supérieur? par l'intelligence. La faculté d'abstraire et de généraliser, de juger et de raisonner ne leur appartient pas, la raison proprement dite encore moins.

La réflexion, le langage, la liberté, sont les sentiments propres à l'homme, l'instinct chez les animaux.

Or, la personnalité ne réside pas dans le corps qui peut être mutilé, ou changer même complètement, avec le cours des ans comme le veulent certains physiologistes, sans qu'il y ait altération de la personne, mais dans le principe pensant, qui sent, connaît et agit, *l'intelligence*.

Le propre de l'intelligence c'est de connaître et la faculté de connaître seule a des idées.

Leibnitz appelle « lumineux » les plaisirs de la raison et « confus » les plaisirs sensuels.

La volonté se propose un but, mais c'est l'intelligence qui le conçoit, on dit que la volonté est droite et dans le vrai quand elle est conforme à la raison, ainsi il est constant que le vrai effet de l'intelligence est de connaître le vrai et le faux, et de distinguer l'un de l'autre.

Le propre de la raison est de se rendre compte des choses, de s'enquérir de la nature de la cause et de la fin des êtres, ce qu'exprime parfaitement un philosophe ingénieux, excellent écrivain: « De tous les objets qui intéressent la curiosité de l'homme, aucune ne l'attire avec un charme aussi puissant que la connaissance de la raison des choses. *Pourquoi?* est un des mots qui sortent les premiers de sa bouche, un de ceux qu'il répète le plus souvent et la philosophie n'a été créée que pour répondre à cette question. »

Certains prétendent que *le bon sens* suffit à l'homme pour se conduire dans la vie.

Le bon sens est un excellent guide, mais il ne peut mener loin, et il a l'inconvénient de ne se rendre compte de rien.

Le pourquoi et le comment lui échappent, il se laisse facilement séduire et embarrasser par le sophisme et il est presque toujours sous l'empire du préjugé.

**Logique.** — La logique a pour but de déterminer les formes de la pensée et du raisonnement, et de tracer les règles pour la direction de l'esprit.

La nécessité du raisonnement n'est fondée que sur les bornes étroites de l'esprit humain qui ayant à juger de la vérité ou de la fausseté d'une proposition que dans ce cas on appelle *question*, ne peut pas toujours le faire par cette seule considération des deux idées qui la composent.

L'homme a l'idée de *l'unité* et distingue parfaitement l'unité de la multitude des êtres; l'idée de l'unité, d'après Fénelon, est un des privilèges de l'esprit humain.

La nature a placé en nous des instincts ou des penchants qui provoquent les développements de l'esprit et indiquent les fins de l'être intelligent. La curiosité et l'amour du vrai, l'amour du beau, etc., sont les plus à remarquer.

L'esprit humain naturellement borné a nécessairement besoin de raisonner pour juger de la vérité ou de la fausseté d'une chose.

Platon a reconnu dans l'esprit humain, deux moyens de connaître, nous les appelons *le raisonnement* et *l'intuition* en Grec, (διανοία καί νοησία).

Le raisonnement est une opération de l'esprit par laquelle un jugement, est déduit d'un autre jugement, le raisonnement n'est donc qu'une comparaison et la comparaison de plusieurs jugements, donnant lieu à un jugement nouveau, raisonner c'est passer d'un jugement à un autre jugement, d'une vérité à une autre vérité.

Notre esprit est en effet si limité qu'il ne peut atteindre directement et immédiatement qu'un petit nombre de vérités que l'on appelle pour cela vérités premières, car ces vérités premières ont cela de propre qu'elles ne supportent aucune autre qui leur soit antérieure, et qu'elles sont la base essentielle de toutes nos connaissances.

2

Descartes pose en principe que tous les hommes sont égaux par les dons naturels de l'intelligence, et qu'ils ne diffèrent que par la manière dont il les mettent à profit, c'est-à-dire par la méthode.

Le désir de connaître la vérité est naturel à l'homme.

Le propre de l'intelligence c'est de connaître.

Il faut donc nous élever nous-mêmes, en élevant nos connaissances par la recherche désintéressée du vrai, (philosophie) et dans l'étude du beau, dans ses diverses manifestations et applications, (poésie, littérature, beaux-arts).

On remarquera que c'est un devoir de nous connaître nous-mêmes et d'appliquer le précepte Socratique (γνωθι σεαυτον) afin de tirer de notre esprit le meilleur parti possible.

C'est donc un devoir non moins strict et rigoureux de travailler pour nous instruire; (instruere) c'est-à-dire de nous munir de connaissances nombreuses et du plus grand nombre possible d'idées justes et généreuses bien ordonnées.

C'est l'éducation intellectuelle et morale de l'homme par lui-même, c'est-à-dire par le travail qui est l'effet de notre personnalité.

En dehors des notions premières, les connaissances qui comprennent tout l'ensemble de la science humaine nous sont acquises par le raisonnement et l'observation.

Nous voyons donc que le raisonnement est nécessaire pour comparer et saisir les rapports qui existent entre tel ou tel objet, telle ou telle idée, et que sans lui l'observation ne serait rien.

Le raisonnement est en outre très utile pour le développement de l'entendement, pour l'acquisition de connaissances nouvelles.

**Vérité.** — Le raisonnement engendre en effet un nombre infini de notions nouvelles, c'est la génération des idées les unes par les autres. Il fait découvrir à notre esprit un très grand nombre de vérités qui jusqu'alors lui étaient inconnues ou mal connues.

Le raisonnement est aussi très utile pour la démonstration exacte des vérités.

Toute vérité bien prouvée et démontrée est une découverte, car l'homme n'invente réellement que ce qu'il prouve.

Partout, sans doute, mais surtout dans l'ordre des sciences morales, où il s'agit de la vérité supérieure, il est des conditions pour la connaître; la première c'est que non seulement pour goûter mais pour comprendre la vérité; il faut l'aimer.

*L'amour du vrai*, un désir ardent de le connaître et de s'en nourrir, sont inséparables de la recherche et en donnent l'intelligence.

Locke a très bien dit: « Quiconque veut chercher sérieusement la vérité, doit avant toute chose concevoir de l'amour pour elle, car celui qui ne l'aime point ne peut se tourmenter beaucoup pour elle, ni être beaucoup en peine lorsqu'il manque de la trouver. »

Enfin, le raisonnement est d'une utilité pratique pour la direction ordinaire de notre esprit pour la coordination féconde de nos idées, tant spéculatrices que pratiques, et pour la conduite ordinaire de notre vie.

Nous ne craignons pas de le dire, l'esprit humain est capable d'entendre et de comprendre la vérité, et de la distinguer de l'erreur.

Certes, les opinions humaines sont mobiles, *quot capita tot sensus*, et les divers systèmes philosophiques et politiques nous le démontrent assez. « Vérité en deçà des Pyrénées, erreur au delà » comme dit Pascal, mais si la connaissance humaine change c'est qu'elle doit changer en raison même de son imperfection.

Il nous est d'ailleurs permis, toujours d'après Pascal de contredire les anciens et il faut en certaines matières savoir borner le respect que nous avons pour eux (comme la raison le fait naître elle doit aussi le mesurer).

En outre, faire un crime de contredire les anciens, c'est traiter indignement la raison, et la ravaler jusqu'à l'instinct des animaux qui ne font pas de progrès.

Toute la série des hommes doit donc être considérée comme un seul homme qui subsiste toujours et qui apprend continuellement.

Notre esprit étant imparfait peut et doit se perfectionner, mais il ne peut arriver à la vérité, c'est-à-dire à la perfection que par la lutte et par des efforts multipliés, après avoir passé par de nombreuses erreurs.

Il n'est donc pas étonnant pour nous que les opinions des hommes diffèrent sur une infinité de points et nous savons que malgré cette diversité et cette mobilité des opinions humaines, l'esprit humain est capable d'entendre, de connaître la vérité et de la distinguer de l'erreur.

**Erreurs**. — Une des principales causes de nos erreurs c'est que nous sommes obligés pour exprimer nos idées de les attacher à des mots qui ne les représentent qu'imparfaitement.

Suivant Platon c'est du côté des idées que nous devons regarder pour contempler la science véritable, car c'est l'idée seule qui peut dire qu'elle *est* tandis que les choses qui la réalisent complétement autour de nous *changent et varient*.

Il existe aussi certains sophismes d'amour propre, d'intérêt, de passion, qui se font toujours dans le monde et qui expliquent sans les justifier, l'entêtement des philosophes, l'exagération des sectes et l'outrecuidance de certains écrits tels que ceux de Montaigne où se trouve trop le *moi humain*, le moi que Pascal déclarait *haïssable*, c'est-à-dire la variété du sens propre ou amour-propre, qui ne consulte que lui seul et ne juge que lui-même.

Le but de l'éloquence est d'instruire les hommes et de les rendre meilleurs, et l'orateur comme l'écrivain n'atteindra pas ce but s'il n'est désintéressé et s'il songe plus à sa réputation d'esprit qu'à l'amélioration de ses auditeurs ou de ses lecteurs.

Pour ce qui est de la philosophie à laquelle toutes les sciences empruntent leurs principes, Descartes est surtout choqué de la multitude et de la divergence des opinions et des systèmes. Il prend donc le parti de fermer tous les livres et de ne trouver d'autres sciences que celles qu'il trouve dans sa nature et dans son expérience.

Pour mieux observer le monde, il se décide à prendre part à la vie active et se met à voyager, étudiant la diversité des mœurs et des opinions humaines. Il prend ensuite une dernière résolution c'est d'étudier sur lui-même et sur lui seul.

Descartes a ainsi montré le plus grand amour de l'humanité, le zèle le plus sincère pour le vrai et la résolution ferme de consacrer tous ses efforts au développement de la science humaine.

Les sens, le raisonnement trompent souvent les hommes, mais de *la pensée* Descartes déduit son existence par le fameux enthymème ; *cogito ergo sum*, et il emploie sa vie à cultiver sa raison et sa pensée autant qu'il le peut, en la connaissance de la vérité, suivant la méthode qu'il s'est prescrite.

Comme il n'y a rien de plus estimable que le *bon sens* et que la justesse de l'esprit dans le discernement du vrai et du faux, l'objet principal de nos études doit être d'apprendre à bien former notre jugement et à bien penser.

On doit le respect à la raison, mais la vérité ne peut obliger à respecter la fausseté en quoi que ce soit.

Il est donc indispensable de concevoir, juger, raisonner et ordonner.

Il y aussi des causes d'erreur qui résultent pour nous des idées que l'esprit ajoute à celles qui sont précisément signifiées par les mots.

Il y a en effet des idées qui exprimées par les mêmes mots; devoir, bonheur, liberté, etc., sont différemment entendus, c'est-à-dire avec plus ou moins de compréhension ou d'extension par différents esprits.

Il importe donc de fixer exactement le sens que l'on attache aux mots les plus simples et les plus ordinaires.

D'après la philosophie moderne, toutes les idées nous viennent de l'activité de l'esprit mis en rapport avec les objets.

On l'a dit: l'homme jouissant de ses sens est semblable à une horloge en mouvement; l'homme privé de l'exercice de ses sens est semblable à une horloge arrêtée.

Les forces sensitives se développent en quelque sorte d'elles-mêmes, il n'en est pas ainsi des forces morales et intellectuelles, celles-ci ont besoin de plus de culture.

De là l'importance de l'éducation et de la mise en contact des hommes avec les circonstances, c'est la source de la vérité et du bonheur.

Aucun acte intellectuel n'est inné dans l'homme, tous sont postérieurs à la mise en action de ses sens, tous prennent date des sensations.

« Toute cognoissance, a dit un Sage, s'achemine en nous par les sens, ce sont nos maistres, la science commence par eulx et se résoult en eulx. »

Il n'en est pas autrement de la spontanéité de l'esprit, de la conscience, elle repose sur des idées acquises antérieurement où au moment même, comme les mouvements du corps reposent sur l'organisme et la mise en jeu de ses parties.

L'esprit humain n'est pas seulement amoureux de lui-même, mais il est envieux et jaloux à l'égard des autres, il ne souffre qu'avec peine qu'ils aient quelque avantage, car il les désire tous pour lui-même, aussi les personnes sages évitent-elles d'exposer aux yeux des autres les avantages qu'elles ont.

Ce qui attache les hommes à une opinion plutôt qu'à une autre, ce n'est pas la pénétration de la vérité et la force des raisons, mais l'amour-propre, l'intérêt et la passion.

Nous ne jugeons pas les choses par ce qu'elles sont en elles-mêmes, mais parcequ'elles sont à notre égard, la vérité et l'utilité ne sont pour nous qu'une même chose, ce ne sont pas là des raisons, il n'y a que la vérité qui doive nous persuader même indépendamment de nos désirs.

A bien prendre, c'est surtout la connaissance qui manque aux hommes qui font mal, ils se trouvent dans un monde trop compliqué pour leur intelligence, faites que par de bonnes institutions leur savoir se proportionne aux devoirs, aux exigences que l'état de communauté impose, et ils se dirigeront au bien de préférence au mal, la vertu plaît aussi naturellement que le vice déplaît, et la vérité est en soi préférable à l'erreur.

Nous devons donc par une sage éducation, mettre notre esprit en garde contre les errements de notre imagination.

**Imagination.** — D'une manière générale on peut définir l'imagination la faculté que nous possédons de former dans notre esprit des idées qui ne correspondent à aucun objet réel, mais pour tenir compte de la vérité complexe des faits, et pour rendre raison des diverses espèces d'esprits, de tempéraments et de caractères, on doit distinguer plusieurs sortes d'imaginations.

L'imagination passive, faculté de nous retracer les objets en leur absence, et lorsqu'ils sont éloignés de nous. C'est cette première espèce d'imagination ou plutôt de mémoire imaginative ou représentative, que Bossuet définit une sensation nouvelle et qu'il déclare moins forte que l'impression première.

C'est là le premier degré de l'imagination.

Comme nous le voyons elle est ici purement reproductive, et ne diffère que par la notion du temps, ce qui a fait dire au poète Delille : « Elle n'est qu'une immense et fidèle mémoire. »

Mais l'imagination ne se borne pas à ce rôle passif, ces

idées que nous nous retraçons dans notre esprit, où plutôt ces images des objets absents, se succèdent et se combinent, s'attirent, s'évoquent et s'associent de différentes manières, l'imagination devient alors l'association des idées ou la fantaisie, c'est celle que nous appelons l'imagination active, c'est-à-dire la faculté de combiner les idées ou les éléments de la réalité sous des rapports tout à fait nouveaux.

Tel est le second degré de notre imagination, mais elle affecte encore une autre forme supérieure, par où elle prend place à côté des plus nobles et des plus hautes facultés de notre intelligence, c'est l'imagination dite créatrice.

L'imagination créatrice est très voisine de la précédente, dont elle n'est qu'une puissante et originale extension, c'est la faculté de représenter sous une forme vive, originale et particulièrement sensible, les émotions, les passions, et tous les sentiments du cœur.

Cette faculté qui est tout spécialement celle du poète a été accordée à un certain degré à tous les hommes, et elle est une forme des plus brillantes de l'intelligence humaine.

C'est elle qui suggère l'idée du beau, du bien, cette faculté que tous les hommes possèdent, à un degré plus où moins grand, constitue chez l'artiste et le poète, lorsqu'elle est portée à un haut degré, le talent ou le génie, elle crée l'art, l'une des grandes formes de la pensée humaine, et a une très grande part dans notre vie réelle.

Elle est en tout la faculté de l'idéal, elle est en un mot pour l'esprit humain une source inépuisable de jouissances, et la principale cause de ses plaisirs.

Mais si notre imagination apporte quelque plaisir à notre esprit, elle lui cause aussi des peines, et à côté des avantages qu'elle nous procure sont les inconvénients.

Comme puissance morale l'imagination est un ressort énergique d'activité, une source de plaisir et une force d'invention, mais souvent elle est aussi un principe d'erreurs, de fatigues, d'inconstances et de dégoût.

Utile, nous dirons même nécessaire lorsqu'elle connaît et indique les améliorations réelles conformes à la nature de l'homme, et au but de la société, c'est l'imagination active dont il s'agit ici, elle devient dangereuse quand elle n'enfante que des chimères et des utopies, où l'absurde le dispute à l'impossible, à elle revient la démonstration peu flatteuse de *folle du Logis* du mot de Malebranché:

« *L'imagination est la folle du Logis et une folle qui se plaît à faire la folle.* »

On sait aussi comment la traite Pascal: « Cette partie décevante dans l'homme, cette maitresse d'erreur et de fausseté, cette superbe puissance ennemie de la raison. »

Le seul moyen de garantir notre esprit de ces aberrations, c'est de mettre de bonne heure notre imagination sous le joug de la raison, à laquelle elle doit toujours être subordonnée et de soumettre toutes nos pensées à un contrôle très sévère.

---

## DE LA VOLONTÉ LIBRE.

**Activité.** — Le franc arbitre ou libre arbitre n'est autre que la liberté de choisir; Bossuet définit le libre arbitre la puissance que nous avons de faire ou de ne pas faire quelque chose; « par *faire* il faut entendre *vouloir faire.* »

La volonté qui choisit est toujours précédée par la connaissance, étant née pour écouter la raison, elle doit se rendre plus forte que les passions qui ne l'écoutent pas. La raison où sont les sens n'est pas la véritable raison.

« L'homme n'est pas supérieur aux animaux parcequ'il a une main, mais il a une main parcequ'il est supérieur aux animaux. » (Aristote).

L'homme est né pour agir, un besoin continuel d'activité lui révèle sa nature, ce qui distingue l'homme des animaux, c'est moins le degré supérieur d'intelligence qui lui a été départi que le privilège de disposer de ses actes, de vouloir et d'agir de lui-même.

La personnalité humaine réside dans la volonté libre. *Le moi* se révèle, sans doute dans la sensibilité, nos passions et nos désirs ont pour origine et pour but notre être individuel.

La liberté est le principe de la dignité humaine, de toutes nos grandeurs et de toutes nos misères.

La liberté est le principe sur lequel repose l'ordre moral, c'est parcequ'l'homme est maître de ses actes qu'il a des devoirs et qu'il est chargé de sa destinée.

De cette source découlent ses droits comme ses obligations, la société humaine diffère de celle des animaux en ce qu'elle est une réunion de volontés libres.

Vouloir est une action suivant Bossuet, par laquelle nous poursuivons le bien et fuyons le mal, choisissant les moyens pour parvenir à l'un et éviter l'autre, selon lui *la volonté* est une dépendance naturelle de l'entendement. Cette action est libre, car si nous sommes déterminés par notre nature à vouloir le bien en général, nous avons la liberté de notre choix à l'égard de tous les biens particuliers, c'est ce qu'on appelle *le libre arbitre*.

Avant de faire son choix, on raisonne, en soi-même, c'est-à-dire qu'on en délibère, et qui délibère sent que c'est à lui à choisir.

Ainsi, un homme qui n'a pas l'esprit gâté n'a pas besoin qu'on lui prouve son libre arbitre, il le sent.

L'activité est la faculté d'agir, elle est le principe de toutes nos facultés intellectuelles et morales.

L'activité comme faculté générale en exercice est la force pensante en action.

Les caractères de *l'activité* sont la *personnalité* et *la liberté*, car pour agir il faut être et il faut être libre.

La confusion de *l'entendement et de la volonté* commise par plusieurs philosophes est aussi une autre source d'erreurs graves et qui peut avoir des conséquenses fâcheuses. L'acte volontaire est libre, l'acte intellectuel pris en soi est fatal. La volonté est la condition, non la cause qui produit la connaissance. Ainsi, dans son essence, la raison est fatale et impersonnelle, la volonté c'est notre personnalité même, elle seule est vraiment libre.

La personnalité humaine, avons nous dit, réside dans la volonté libre. Pour peu que l'on veuille rentrer en soi, on verra que le moi n'est pas seulement la pensée, mais *l'être pensant* et qu'il est saisi par la conscience.

J'ai conscience de ma faculté de penser, ma puissance de vouloir et d'agir se manifeste à moi par l'énergie même et l'effort nécessaire pour prendre une résolution et produire une action, dans la détermination libre je puise le sentiment du pouvoir de me déterminer librement.

Il faut donc fortifier la volonté, c'est-à-dire augmenter en nous la sûreté des décisions, l'énergie des résolutions, la constance et la suite des desseins, la persévérance et fermeté dans les actions.

Il faut nous habituer à nous déterminer de la façon la plus nette et la plus franche; en ne nous attachant jamais qu'aux motifs qui ont une *valeur morale*, nous nous formerons ainsi un caractère énergique, sûr, constant, puissant, heureux, et il faut remarquer que ce qui manque le plus aux hommes même pour réussir et tirer parti d'eux-mêmes ici-bas, ce n'est pas tant l'intelligence que le caractère, c'est moins l'esprit que la volonté énergique et suivie ou le *courage*.

**Droits.** — L'homme est libre non d'une manière absolue et indéfinie, mais dans la mesure de son organisation, des milieux dans lesquels il doit vivre, des bornes qui le circonscrivent, il est libre en un mot dans ce qu'il *peut* et dans ce qu'il *sait*, d'une liberté relative comme toute son existence.

Prenez un à un les besoins, les aptitudes, les facultés de l'homme, tous émergent vers l'association.

La sympathie, le besoin que chacun éprouve de l'estime des autres en est une preuve indiscutable.

Seul, l'homme ne pourrait satisfaire le besoin qu'il éprouve d'amélioration et de s'avancer à un état meilleur.

C'est le contact de ses semblables qui excite sa pensée, allume son imagination, qui éclaire son esprit et le rend inventif.

Dans nombre de circonstances, il lui faut leur secours, réduit à ses propres forces, il ne serait capable que d'ébauches, c'est seulement réuni à d'autres qu'il devient susceptible des plus hautes entreprises, des découvertes les plus admirables, qu'il peut enfin s'élever a toute la hauteur de sa destinée.

Isolé, il ne parlerait pas, il est douteux même qu'il pût penser, en tous les cas, ses pensées seraient les plus bornées possible, il ne serait guère autre que la bête, sa fin, cela est sensible, est la vie collective.

Ne perdons pas de vue en effet que les êtres abandonnés que l'on a trouvés dans les forêts sans avoir eu communication avec d'autres hommes, n'avaient pas la notion du bien et du mal, ni aucune de ces idées fondamentales que nous apporterions toutefois en entrant dans la vie.

De là découle la série des *Droits* et des *Devoirs*, car ces termes sont inséparables, ce qui est droit pour l'un constitue des devoirs pour d'autres et réciproquement.

Sa mesure comme celle du devoir est la raison, ne point laisser empiéter sur son droit, n'en pas dépasser la limite, telle est la maxime du Sage.

**Devoirs.** — Mais si l'homme a des droits, il a aussi des devoirs envers lui-même et ses semblables.

Cependant, faut-il dire avec une certaine école que l'homme a le sens moral, le sentiment, l'intuition du devoir et du droit, du juste et de l'injuste, du mérite et du démérite, de la vertu et du vice, du bien et du mal enfin?

Séparé, l'homme n'aurait de devoir qu'envers lui, ce qui serait fort restreint, d'un autre côté il n'aurait que des droits excessivement bornés.

C'est donc l'état de société qui établissant une foule de rapports constitue des droits et des devoirs proprement dits. La société en effet est un état de réciprocité perpétuelle, ceux qui apportent leur mise ont droit en retour d'en exiger une des autres, et cette position respective est celle de tous les hommes sans exception.

Le contrat est donc réel et dérive de la nature même des choses.

La justice n'est pas seulement la première des vertus, elle est encore la condition indispensable de la société, sans elle, la guerre serait incessante entre ses membres, appliquée toujours, elle tiendrait lieu des autres vertus, et pourrait se passer d'auxiliaires.

Tout individu a l'obligation de communiquer, de mettre au jour, ce qu'il a conçu d'utile à l'humanité, ce qu'il a à sa disposition de favorable au bien-être social.

Ce devoir étant le même pour tous, la raison n'impose qu'une règle de parfaite égalité. Ainsi, celui qui secourt son semblable en sera secouru, et le précepte de charité si justement vanté, n'est qu'une traduction de la loi sociale déposée dans le cœur de l'homme.

Il est même à remarquer que l'homme ne peut faire une chose qui lui soit personnellement utile, sans qu'elle profite par contre-coup à tous les autres, tant la nature a voulu que les hommes se soient en aide mutuelle, et tant aussi la loi sociale est mûrement établie.

**Suicide.** — La question tant débattue du droit de vie et de mort, si on l'examine sans prévention, se résout facilement.

Quand un homme usant de la liberté qui lui a été départie décide en interrogeant sa raison qu'il n'a plus rien à faire en cette vie, il use de son droit.

Personne ne pourra donc contester, s'il le croit nécessaire, qu'il peut se priver d'une partie de soi-même, d'un membre par exemple, pour la guérison des autres.

Eh bien! il peut également, en partant du même principe,

supprimer là totalité; s'il ne voit pas de remède à un état devenu insupportable, et si sa vie ne peut plus être bonne, ni à lui, ni aux autres, pour sauver enfin ce qui fait qu'on est un homme, et se conserver digne de considération dans la mémoire de ses semblables,

Quand on n'est plus propre à rien qu'à végéter misérablement, il y a un congé de la raison, comme en cas de maladie mortelle il y a congé de la nature.

L'excessive importance que nous attachons à notre individualité nous persuade que nous ne pouvons la quitter sans un grand dommage, pour le monde, et nous oublions que nous ne cessons d'être sous une forme que pour en prendre une autre, sans aucun trouble pour l'ensemble, et toujours suivant les desseins de la suprême sagesse.

L'amour de l'existence d'ailleurs est trop fortement établi en nous pour que le suicide puisse devenir un danger social, ce ne sera jamais qu'un rare accident, incapable d'altérer la marche et l'ordre de l'humanité.

Prétendre que l'homme n'a dans aucun cas la disposition de ses jours, c'est lui retirer la liberté et le mettre en état de servitude

C'est le placer au rang de l'animal et de la plante, qui ne finissent que par l'impossibilité absolue de vivre, ceci est déraisonnable, l'intelligence ici comme en tout, a son application, elle examine, pèse, délibère et choisit, ce qui lui est le plus convenable dans la position donnée, les préjugés, le fanatisme n'ont que faire d'apporter leurs brandons.

*Le Sage vit tant qu'il doit, non pas tant qu'il peut.* Voilà pour le droit.

Les hommes les plus éclairés et les plus recommandables de l'antiquité l'ont reconnu.

Le tout est de l'appliquer avec discernement et alors les morts volontaires seront bien rares, presque toutes celles qu'enregistrent les annales publiques sont le résultat de l'égarement et des passions.

Si l'homme peut disposer de son existence, la loi le pourra aussi dans certains cas, d'utilité publique bien constatés, la raison générale a effectivement le même droit que la raison privée.

L'État peut donc retrancher de son sein celui qui compromet la sécurité publique, mais il ne doit en venir à cette mesure extrême, recourir au terrible ultimatum de la mort qu'autant que tout autre moyen sera démontré inefficace.

# L'AMOUR QUI NAIT DU SENTIMENT DE SOI-MÊME.

**Egoïsme.** — Il y a dans le monde un principe que l'on ne peut méconnaître; *c'est l'Amour.*

L'attraction n'est pas autre chose sous un nom différent; *Amor omnibus idem.*

L'Amour est donc le développement de la force vitale, la vitalisation mise en expansion et en attraction, L'homme en particulier aspire continuellement à une autre chose, cette aspiration, ce désir, c'est toujours la même loi.

Le bonheur est le but qu'il recherche pardessus tout, c'est sa constante sollicitude.

De la conformation individuelle sort immédiatement et en premier ordre, *l'amour de soi.*

La loi de la conservation est en effet celle qui doit se faire entendre d'abord, tout être étant suggéré sans cesse par le désir de se conserver et de valoir.

L'amour de soi est donc le premier, le principal mobile de l'homme, c'est le véhicule de ses penchants et de ses actions, c'est par lui qu'il se dirige vers tout ce qui lui est utile. Il faut bien le distinguer toutefois de ce qu'on appelle *l'égoïsme.*

Le premier subordonne les actions, la conduite, la pensée même au véritable bien-être, au plus grand bonheur, le second subordonne tout à la jouissance animale.

L'un porte sans cesse à étendre les biens réels, l'autre ramène tous les objets à la satisfaction privée et brutale de l'individu.

L'égoïsme n'est donc que la dépravation de l'amour de soi.

Cependant comme l'homme n'est pas destiné à vivre seul, que même il ne pourrait pas exister seul, l'amour de soi se communique aussitôt aux autres hommes, et prend alors le nom *d'amour de l'humanité* c'est-à-dire l'amour de soi et l'amour de ses semblables, l'un comme on voit n'est que le prolongement de l'autre.

**Humanisme.** — Les hommes ayant une même origine et ne formant qu'une seule famille, il s'en suit donc qu'ils doivent s'aimer et s'entr'aider, l'amour de ses semblables est donc une loi mutuelle, un devoir.

C'est le grand point de départ des relations sociales, c'est de l'application de cette règle certaine et infaillible que doit sortir la félicité générale.

L'amour de soi, l'humanisme, sont constamment bons et salutaires, mais l'amour-propre déjà devient souvent défaut, et l'égoïsme est toujours vice, la raison doit toujours en être le grand régulateur, qu'il l'interroge, elle se hâtera de venir l'éclairer.

Des équivoques et des habitudes de langage ont répondu sur l'amour de la défaveur ou tout au moins de l'obscurité.

C'est à corriger ce rebelle et fautif instrument que les esprits éclairés doivent s'attacher, car là est la source d'une foule de préjugés et de malentendus.

Les signes donnent non seulement la forme aux idées, mais encore par réaction ils les font naître, sans eux il n'y aurait que des dispositions à penser, des aperceptions informes

C'est dans ce sens que l'on dit que pour bien penser il faut bien parler, l'autre adage: *qui pense bien parle bien,* n'est vrai qu'après que la langue est faite : *Vir bonus dicendi peritus*

**Sensibilité.** — L'homme partage avec tous les animaux la capacité de sentir, la sensibilité joue donc un très grand rôle dans la vie pratique.

La passion ne détermine pas la volonté, mais elle influe puissamment sur elle.

Le nom *de sentiments* est réservé à tous les faits de la sensibilité qui se rapportent à la vie intellectuelle et morale.

Par rapport à l'intelligence, le rôle de la sensibilité n'est pas d'engendrer la connaissance, encore moins de la guider, elle doit au contraire être éclairée et guidée par elle, mais sa fonction dans la vie intellectuelle n'est pas moins importante.

1º Elle est la condition imposée au développement de la faculté de connaître, dans l'ordre des choses sensibles la sensation précède toujours la perception.

2º Elle fournit à l'esprit des digues à l'aide desquelles il juge de la propriété des corps, de leur distance, etc., les sons et la parole sont un puissant moyen de développer comme de communiquer la pensée.

Elle excite donc et provoque l'intelligence, la tire de son sommeil.

La sensibilité ne joue pas un rôle moins important dans la vie active:

1º Les penchants de la nature sensible indiquent à la raison les fins de notre être que celle-ci apprécie et coordonne.

2º Elle fournit à la volonté des mobiles qui influent puissamment sur ses déterminations, sans elle la volonté manquant d'instinct, la raison serait rarement obéie.

L'antagonisme même de nos passions fournit à la liberté humaine, la condition d'une lutte glorieuse, c'est dans ce combat où s'enfante la vertu, que se crée notre personnalité.

Un caractère qui ne permet pas de confondre l'intelligence avec la sensibilité, c'est que dans sa forme la plus élevée la *raison* elle saisit l'universel qui échappe aux sens; « Il est impossible de sentir l'universel, et ce qui s'étend à tous les objets, la sensibilité est bornée à l'individuel. » (Aristote).

Quelle que soit la perfection de nos sens, il ne faut pas oublier qu'elle vient de la supériorité de l'esprit même dont ils ne sont que les instruments.

L'unité ou la simplicité de notre principe pensant, nous est révélée comme notre personnalité elle-même par notre conscience ou sens intime, nous avons le sentiment profond de l'individualité de notre être.

En effet, quand nous nous considérons nous-mêmes, nous ne pouvons distinguer en nous qu'une partie, nous savons et concevons que nous sommes une chose absolument une, simple et indivisible, et que les facultés de vouloir, de penser, de sentir, ne peuvent pas être dites proprement les parties différentes *du moi*, car nous savons que c'est toujours le même moi, qui veut, qui pense et qui sent.

Notre conscience nous atteste donc que le *moi* qui a conscience de son activité, est une cause et par conséquent est simple, c'est une force libre qui se possède et dispose d'elle-même, *une personne*, mais une personne est individuelle, donc c'est *un individu* dans toute la vérité du terme.

— En outre, nos sensations et sentiments se rapportent nécessairement à un seul et même *moi*, qui les éprouve, qui en garde l'impression et le souvenir, autrement il nous serait complètement impossible de les réunir, de les comparer et de les distinguer.

La vérité à son tour ne peut résider que dans un sujet simple.

Nous le voyons donc l'unité du principe pensant est incontestable.

La raison est une faculté à laquelle nous devons les connaissances supérieures aux données des sens.

Le raisonnement est une opération par laquelle l'esprit tire un jugement de deux autres jugements, c'est la faiblesse de notre esprit qui rend le raisonnement nécessaire.

Nos facultés nous élèvent au-dessus de l'animal, de là pour nous la nécessité d'en conformer l'exercice à la noblesse de notre nature.

Se connaître soi-même, c'est connaître ses facultés, son origine et sa fin.

**Justice.** — Comme la justice naît de l'inviolabilité de la personne et de ce qui lui appartient, elle a pour résultat non seulement l'obligation de respecter les droits d'autrui, mais d'en exiger l'observation et au besoin d'y contraindre.

En résumé, la justice sauvegarde de la personnalité, expression de la liberté et du droit, sans séparer les hommes leur trace les limites qu'ils ne doivent pas franchir, elle leur impose l'obligation de ne pas se nuire, de rendre à chacun ce qui lui est dû. *(Suum cuique)*.

L'amour bien compris est donc une loi générale, les anciens l'avaient placé au premier rang des principes gouvernant le monde, ils l'avaient fait le Dieu mobile de ce qui est vie.

Romulus lorsqu'il fonda sa ville l'appela *Roma* anagramme du mot latin *Amor*, qui veut dire *Amour*.

Ainsi l'amour est le grand moteur de l'homme, mais sous la conduite et l'inspection de la raison.

Revient donc toujours cette sublime faculté à qui tout est subordonné.

C'est elle qui régularise, qui coordonne tous les attributs, qui montre le but que l'homme doit atteindre, qui lui apprend ce qu'il doit accepter et ce qu'il doit réprouver.

C'est le phare placé en haut de son intelligence, le seul témoignage enfin compétent pour commander sa foi et veiller sur sa vie.

# DE LA DESTINATION DE L'HOMME

**Morale.** — L'homme, avons nous dit, est une force sensible, intelligente, volontaire ou libre.

Après avoir étudié séparément les principales facultés humaines, il est nécessaire de les rapprocher, à l'analyse doit succéder la synthèse.

Ces facultés et les faits qui s'y rapportent sont les différents pouvoirs d'une force unique, distinctes, elles ne sont pas isolées, elles agissent les unes sur les autres et forment un tout harmonique.

Ce sont les phases diverses d'un fait unique, et complet *la vie.*

Or, ici c'est la vie intellectuelle et morale, elle est une sensibilité, intelligence et volonté, ces puissances fonctionnent simultanément, leur réciprocité est constante.

Aussi, est-il impossible d'expliquer un seul de ces faits sans les autres.

Ils se pénètrent, s'entremêlent, sans se confondre, sensations, idées, volitions, jugements, forment le drame de la vie humaine, il ne faut pas perdre de vue cette unité.

Mais ce qui importe encore plus, c'est l'unité du principe, c'est le *moi* dont on nie sinon l'existence, du moins la réalité comme cause et principe.

Le moi est-il un simple agrégat? d'idées, d'états mentals, etc., où est-il un être réel, une force simple individuelle, une véritable cause?

Question capitale! *La personnalité* en dépend.

Une *personne* est un être qui sent, qui pense et qui veut, telle est notre personne.

La *personnalité* suppose l'idée de l'individualité propre, mais ce qui fait de l'individu une personne, c'est qu'il est maître de ses déterminations et de ses actes.

C'est donc dans la volonté libre que réside la vraie personnalité, c'est ce qui sépare la personne des choses.

Aussi la liberté est-elle le principe de nos droits et de nos devoirs.

L'inviolabilité comme la responsabilité en dérive.

Toutes les facultés diverses par lesquelles notre esprit perçoit les objets, se retrace leur image, et se les rappelle, conçoit la vérité, juge et raisonne, ne sont que les modes divers d'une faculté unique, dont le degré supérieur dans l'homme est la raison.

La raison se mêle à la personnalité, elle en revêt plus ou moins les formes, mais elle s'en distingue.

On distingue la raison *spéculative* et la *raison pratique*.

La première a pour objet la vérité pure, son domaine est la science.

La seconde qui conçoit le bien, contient la loi de la volonté, la règle de ses actes n'est autre que la *conscience morale*.

La morale est la science des devoirs, elle donne des préceptes à la volonté.

Pour cela ne faut-il pas savoir ce qu'est cette volonté, si réellement elle est libre?

La loi morale est révélée par la conscience.

D'où se tirent les devoirs que la morale établit et les droits qui y correspondent sinon de la nature de l'homme, considérée dans ses rapports soit avec lui-même, soit avec les autres?

L'idée de facultés emporte avec elle celle d'activité, il n'y a qu'un être essentiellement actif qui possède des facultés.

Aussi l'être inerte, le *mineral*, par exemple a des *propriétés* et non des *facultés*.

Mais l'activité seule ne rend pas compte du sens que renferme ce mot.

Il faut y ajouter l'idée d'une volonté libre, qui s'empare de ces pouvoirs, les dirige et les gouverne à son gré.

L'homme seul possède donc véritablement des facultés parcequ'il a le privilège de s'emparer de son activité, d'en disposer librement et de la diriger vers un but marqué par son intelligence.

Les facultés humaines elles-mêmes ne méritent pas toutes et toujours ce nom également.

La sensibilité dont le caractère est d'être passion est moins une faculté qu'une *capacité*.

Enfin, tous les hommes sont loin d'avoir sur leurs facultés le même empire, elles affectent chez les individus toutes les formes et tous les degrés de la personnalité.

Il est évident que plusieurs de nos facultés, la conscience, le raisonnement, etc., sont les différents modes d'une même faculté, *l'intelligence*.

Les sensations, passions, etc., appartiennent à notre nature sensible et relèvent de la *sensibilité*.

La volonté a son caractère propre la *liberté*.

L'homme est tenu de diriger l'exercice de toutes ses facultés vers l'accomplissement de la loi morale.

Ainsi, la sensibilité doit être conservée pure pour ne pas altérer l'intelligence ou la volonté,

L'intelligence doit être développée pour atteindre à la vérité et découvrir l'erreur.

L'activité en tant que volontaire doit être cultivée pour faire le bien et fuir le mal, enfin pour maintenir l'homme dans sa dignité personnelle.

Les motifs de nos actions sont le plaisir, l'utile et le devoir.

De ces motifs de nos actions le plaisir est le moins important, quoiqu'il soit le plus écouté généralement.

L'utilité n'a pas plus de valeur morale que le plaisir lui-même, cette valeur appartient au seul motif du devoir qui pour cela même occupe le premier rang.

« On est égoïste ou prudent, dit Reid, quand on consulte son intérêt, mais on ne peut être vertueux qu'en consultant son devoir. »

La sensibilité est la faculté que possède notre être d'être affecté ou modifié d'une manière agréable ou désagréable à la présence d'un phénomène quelconque.

La conscience me révèle le *moi* c'est-à-dire tout ce qui se passe en moi, mes pensées, mes impressions.

La morale est la science du *devoir*, qui enseigne à l'homme les règles pour faire le bien et éviter le mal, pour remplir ses devoirs envers lui-même et envers les autres.

Toutes les passions ont leur origine commune dans *l'amour* et dans *la haine*.

La nature, dit Cicéron, veut en effet que l'individu confonde son intérêt avec l'intérêt général, et qu'il n'usurpe jamais sur le droit des autres, car un tel mal attaque la société sans épargner l'individu.

Le bien public et les intérêts privés se balancent à nos yeux, l'amitié comme la haine nous entraîne et obscurcit parfois la justice toutefois il est évident que l'équité doit être préférée à l'amitié même. « *Amicus Plato, magis amica veritas* ».

L'homme est un être libre, or le caractère essentiel de l'être libre, c'est de se *posséder soi-même*, d'être maître de soi, *(compos sui)* et maître de ses facultés.

Le but que doit se proposer l'homme avant toutes choses, doit être la conformité de ses actions avec la loi de la nature qui est la raison, telles sont les nobles doctrines de l'Ecole Stoïcienne, faites pour élever l'homme et lui donner le sentiment de sa dignité.

**Vertu.** — Le bonheur doit être recherché dans le bien et dans la pratique de toutes les vertus.

La vie humaine a pour but de bien faire.

La vertu réside dans l'énergie, la force d'âme, elle s'acquiert par l'exercice ou l'habitude.

Commander à soi-même et à ses passions, fuir la volupté qui amollit et dégrade les âmes, mener une vie réglée, sobre au lieu d'une vie molle et déréglée, voilà ce qu'enseignait Socrate, et ce dont il donnait l'exemple.

La vertu est l'habitude du bien, l'observation constante et désintéressée de la loi morale, malgré les obstacles et les sacrifices qu'elle impose.

La destinée de l'homme ici bas est donc de faire le bien, de pratiquer la vertu, et par la vertu mériter le bonheur.

Le bonheur réside réellement dans la vertu même, et le malheur dans le vice, et tous les deux portent en eux-mêmes leur récompense et leur châtiment.

Ainsi, lorsque nous avons fait une bonne action, nous comprenons que nous avons mérité, c'est-à-dire que nous avons droit à une récompense, mais en revanche, quand nous avons fait ou que seulement nous avons voulu faire une mauvaise action, nous comprenons et sentons que nous avons démérité, et que nous avons droit à une punition.

L'homme possède une intelligence capable de connaître par elle-même la vérité, mais seul et isolé de ses semblables il ne saurait la développer.

Vivant au contraire en rapport constant avec les êtres de son espèce, il est éminemment perfectible, l'éducation cultive et développe toutes ses facultés.

La morale a pour objet de déterminer la loi de *la volonté* ou la règle des actions humaines.

Quant à la vertu elle n'existe pas dans un système où tout est calcul, et qui fait de *l'égoïsme* le fond de toute action humaine.

On peut dire de ceux qui font ainsi le bien par pur calcul, que le bien n'est pour rien dans leur conduite, ils sont vertueux par le même motif qui les ferait vicieux.

Un des principaux sentiments de l'âme humaine est le penchant qui nous attire vers nos semblables, nous fait partager leurs jouissances ou leurs peines, nous rend sensibles à leur approbation ou à leur mépris.

Pour cultiver les facultés de son esprit et travailler à son perfectionnement moral, l'homme a besoin sans doute d'être en sécurité sur ses moyens d'existence, mais ceux-ci assurés, qu'il ne s'imagine pas avoir accompli la loi de sa nature, ou pouvoir trouver le bonheur dans le luxe, ou l'oisiveté d'une vie sensuelle ou voluptueuse.

L'ennui, le dégoût, la satiété lui apprendraient bientôt qu'il s'est trompé, et que là n'est pas sa vraie destinée qui est de se commander à lui-même, de vaincre ses passions, de se faire une âme forte et réellement libre, riche de ses biens propres ou de ses vertus.

Si l'homme a *le devoir* de faire le bien et doit le réaliser librement, il a *le droit* d'être respecté dans l'exercice de sa liberté, tant que celle-ci ne porte pas atteinte à celle de ses semblables.

Sans doute l'homme trouve dans son cœur un puissant motif qui le porte à venir au secours de ses semblables, à soulager leurs misères et leurs souffrances.

La satisfaction personnelle, qu'il éprouve à faire le bien lui est aussi une douce récompense.

Mais un penchant n'est pas une vertu, si la bienveillance est obligatoire elle a son principe non dans *la sensibilité* mais dans *la raison*, elle repose sur une idée non sur un sentiment.

Quelle est cette idée? Celle de *la Société humaine elle-même*.

Les êtres qui composent cette société ont une nature, une origine et une fin commune.

En accomplissant leur destination particulière, ils concourent donc au bien général.

La société n'est d'ailleurs possible que par un échange mutuel de services et de bons offices.

**Utile.** — En vertu de sa nature, l'homme aspire toujours au bonheur même ici-bas, c'est pourquoi on le voit toujours s'attacher à tout ce qui est bon et tout plaisir lui paraît bon.

L'intérêt ou l'utile est évidemment un motif très réel, un des grands principes de la conduite humaine.

L'utile est la mesure et la règle de tous nos actes, la source de l'honnête et de toutes les vertus.

« Toutes les vertus se perdent dans l'intérêt comme les fleuves dans la mer » dit La Rochefoucauld.

« Si l'Univers physique est soumis aux lois du mouvement, l'Univers moral ne l'est pas moins aux lois de l'intérêt » dit de son côté Helvétius.

D'après ce système nous voyons donc que l'égoïsme est le fond caché de toutes nos actions, mais si on veut le soumettre à une critique sévère et régulière, il est facile de détruire le principe.

En effet, est-il bien vrai que l'intérêt soit l'unique mobile des actions humaines?

Assurément non, et en dehors de tout système, la conscience universelle proteste contre une telle assertion, car elle a toujours reconnu deux côtés à nos actions, l'un intéressé, l'autre désintéressé, qu'elle désigne par des noms différents, *l'intérêt* et *le devoir* en les opposant.

Elle distingue les idées et les sentiments relatifs à ces deux motifs, mais sans les confondre.

Les motifs purement égoïstes de nos actions peuvent en effet se ramener tous à un principe unique; *l'intérêt, l'utile.*

Les motifs rationnels se ramènent aussi tous à un principe unique; *le devoir, l'honnête.*

Ces deux mobiles généraux, le devoir et l'intérêt, l'honnête et l'utile, sont tantôt conformes l'un à l'autre, tantôt opposés et séparés, mais toujours irréductibles l'un à l'autre cependant, c'est-à-dire absolument distincts alors même qu'ils paraissent se confondre.

L'honnête est le terme par lequel se caractérise le bien moral dans son opposition avec l'utile, c'est la conformité à l'ordre ou au bien pour le bien, abstraction faite de toute utilité, de tout intérêt.

L'homme dit Cicéron d'après Platon est le seul animal qui comprenne l'ordre, la convenance des choses, il le comprend parcequ'il est doué de raison, et il pense que l'ordre doit-être la règle de ses pensées et de ses actes, en un mot, pour lui l'ordre c'est *l'honnête.*

L'honnête se distingue absolument de l'utile, en effet, l'utile n'est rien par lui-même, mais simplement un moyen pour un but qui n'est pas en lui, aussi change-t-il

complètement de nature, avec la fin pour laquelle il est
destiné, l'honnête au contraire qui repose sur la convenance absolue des choses est invariable et absolu.

Ces deux mobiles sont irréductibles l'un à l'autre car
une action peut fort bien être honnête et utile tout à la
fois, mais elle n'est pas honnête par cela seul qu'elle est
utile, et elle n'est pas toujours utile en ce monde du
moins par cela qu'elle est honnête.

Aussi, faut-il toujours faire le bien parceque c'est le bien
et pour lui-même.

**Honnête.** — La distinction de l'honnête et de l'utile
est universellement attestée par la conscience qui ne se
trompe pas sur les motifs même les plus subtils de nos
actes, et sur leur valeur morale, elle sait nettement ou
du moins peut toujours démêler quand et dans quelle
proportion nous agissons par la considération de l'intérêt,
ou par celle de l'ordre ou du bien en soi, abstraction faite
de tout intérêt égoïste ou passionné, bien ou mal entendu,
légitime ou illégitime.

Cette définition de l'honnête et de l'utile nous est encore
prouvée par les caractères essentiellement différents des
motifs sensibles et des motifs rationnels, qui n'ont nullement la même valeur morale.

*Il n'y a pas de morale de l'intérêt !*

Les motifs désintéressés, c'est-à-dire les motifs rationnels
sont dits les motifs moraux par excellence parceque seuls
ils renferment la loi morale qui doit être la règle générale
de toutes nos actions, et qui a tous les caractères d'une
loi.

La loi doit être uniforme, claire, invariable, toujours
réalisable, elle doit commander avec autorité, engendrer
le devoir et l'obligation.

Or, ce sont bien là les caractères que nous trouvons
dans le principe de *l'honnête.*

En effet, le principe de justice et d'honnêteté inné en
nous qui dirige l'intelligence dans l'appréciation des actes
humains, ne se borne pas, remarquons le bien, à captiver
l'entendement, il s'impose aussi à la volonté comme une
règle suprême à laquelle nous sommes tous tenus d'obéir,
loi imprescriptible et inviolable alors même qu'elle est
violée, loi immuable et universelle qui ne varie pas comme
les créations éphémères du génie de l'homme. car l'idée
du bien est naturellement empreinte dans tous les esprits.

Quel homme civilisé ou barbare ne s'est écrié mille fois dans sa vie? Ceci est bien! ceci est mal!

Qui ne comprend, qui n'emploie ces mots de justice, de devoir, d'honnêteté, renfermé dans le vocabulaire de tous les peuples?

Si nous considérons maintenant les motifs sensibles, nous constaterons que tous ces motifs et spécialement le motif de l'intérêt présent ou à venir, bien ou mal entendu, ne sont et ne peuvent être marqués de ces caractères.

L'intérêt est essentiellement mobile, changeant, capricieux, il varie avec les individus et les caractères, avec le développement des intelligences, les passions, les habitudes et mille autres circonstances.

Les intérêts des hommes sont d'ailleurs naturellement divers, opposés et même contradictoires.

Ce principe dans la plupart des cas n'est ni simple, ni facile à comprendre.

Rien de plus incertain en effet que le calcul de l'intérêt quand on sépare l'intérêt de la morale; un pareil motif ou laisse l'homme dans l'indécision, ou s'il est ignorant, l'expose à l'entraînement aveugle des passions.

On peut donner comme exemples, les spéculations malheureuses, quoique très savamment concertées, les vocations douteuses ou manquées.

Il n'est pas en effet toujours en notre puissance de réaliser notre intérêt, la réalisation d'un pareil but est indépendant de notre volonté.

La poursuite de nos intérêts presque toujours est vaine ou tourne contre nous, si l'intérêt n'est pas dominé par un but supérieur que la volonté humaine peut toujours atteindre.

Une seule chose est en notre pouvoir: *la moralité*, nous ne pouvons pas être tous également savants, heureux, riches, habiles, puissants, mais nous pouvons tous être vertueux, car l'inégalité intellectuelle et sociale des hommes ne saurait empêcher qu'ils ne puissent dans une certaine mesure être considérés comme égaux devant la loi morale.

Mais le point capital c'est que le principe d'intérêt ou le principe égoïste n'a pas l'autorité absolue et n'implique pas l'obligation.

Nul n'est tenu d'obéir à son intérêt, ni obligé de faire son bonheur.

Il nous est très bien permis de ne pas consulter notre intérêt propre et nous ne nous sentons nullement tenus d'y obéir, dans certains cas il est même d'obligation de sacrifier cet intérêt; *la vertu et le mérite sont à ce prix!*

Aussi peut-on nous conseiller d'agir dans notre intérêt, nous y exhorter; nous commander, jamais! en un mot, *l'intérêt conseille mais n'oblige pas!*

Quelle obligation peut en effet enchaîner ma volonté, si c'est moi qui suis ma propre loi?

Ainsi, comme nous venons de le voir, non seulement l'utile est distinct de l'honnête, mais il diffère profondément de l'honnête par ses caractères, par la manière dont il est connu, comme par les sentiments qu'il excite.

Bien que distincts comme motifs, l'utile et l'honnête ne peuvent cependant être opposés dans la nature des choses.

La première des conditions de cet accord c'est que l'honnête soit la règle et la mesure de l'utile, et non l'utile la règle et la mesure de l'honnête.

Considère-t-on l'utile comme base de l'honnête non-seulement il n'offre rien de fixe, mais la vertu réduite à n'être plus que calcul s'évanouit.

Si au contraire l'on fait de l'honnête, la règle de l'utile, celui-ci acquiert bientôt la certitude et la fixité qu'il n'avait pas tout d'abord, et l'opposition disparaît entre les deux principes, ou du moins elle ne peut plus être qu'apparente.

L'utile est inséparable de l'honnête et rien n'est utile en dehors de l'honnête.

**Bonheur.** — L'homme qui agit en vue du bien sait qu'il est impossible qu'un homme qui se conforme à sa nature et à l'ordre soit malheureux, et qu'en définitive le bonheur sera la conséquence nécessaire de sa conduite.

Il sait aussi qu'il est impossible que le bonheur, un bonheur vrai et durable accompagne ou suive une conduite désordonnée, perverse ou criminelle.

Ainsi deux mots peuvent résumer notre destinée actuelle et la morale entière; *faire le bien pour le bien,* pratiquer la vertu et *par la vertu mériter le bonheur.*

Le bon usage de la liberté quand il se tourne en habitude s'appelle vertu, et le mauvais usage de la liberté s'appelle vice.

Il y a quatre vertus principales, la prudence, la justice, la force et la tempérance.

Selon Descartes, se conformer aux lois et aux coutumes

de son pays, et aux opinions des plus sages, sans engager cependant sa liberté, se persuader que l'on peut rester maître de soi, *mais non de la fortune*, en sorte qu'il *n'y a rien qui soit entièrement en notre pouvoir que nos pensées*, et pour *conclusion de cette morale*, « regarder la culture de la raison comme la plus noble profession que l'on puisse exercer sur la terre. »

La conscience morale est une faculté par laquelle l'homme distingue le bien et le mal, ce qui lui permet de diriger sa volonté vers l'un et de la détourner de l'autre, s'il veut être fidèle à la loi du devoir.

L'homme n'en conserve pas moins la liberté de préférer le mal au bien et c'est cette liberté même qui en fait un agent moral.

Si dans la plupart des cas, nous ne sommes pas responsables de nos sensations et de nos sentiments, de nos idées ou de nos pensées, nous le sommes des actes que par la volonté nous avons produits avec connaissance de cause.

L'habitude, a-t-on dit, est une seconde nature, ce qui a fait dire à un de nos grands savants « la coutume incline à l'automate » en parlant de la force de l'habitude qui s'étend sur tous nos sens sans exception, mais une seconde nature que nous nous sommes faite nous-mêmes.

Si l'acte même produit de l'habitude n'est pas réfléchi dans son essence et par conséquent imputable à l'homme, il l'est dans son principe, parce qu'il est le résultat de notre adhésion à une série constante de pensées ou d'actes antérieurs qui étaient parfaitement libres.

Trois idées semblent résumer la science et l'activité humaine, les idées du vrai, du bien et du beau.

La première est le principe de nos connaissances dans l'ordre spéculatif.

La seconde est la règle de notre conduite morale et la loi de la volonté.

La troisième fournit aux arts leur modèle idéal.

Nous devons donc nous appliquer à nous servir de notre volonté morale comme d'un aiguillon et d'un frein pour nous exciter au bien et nous retenir sur la pente du mal, pour diriger l'emploi de nos autres facultés et pour lutter contre les mauvais penchants et les passions.

Nous nous servirons aussi de *l'attention* qui est pour ainsi dire notre *volonté intellectuelle* pour lutter contre les désordres de l'imagination, les caprices et les fausses lumières de l'esprit, les sophismes de l'intérêt, de la passion et du préjugé, sophismes que nous faisons nous-mêmes avec la conscience de notre mauvaise foi ou que nous acceptons légèrement chez les autres.

**Courage.** — A cette question du rôle prépondérant de la volonté dans la vie morale se rattache naturellement celle du courage.

Les stoïciens nous ont donné une idée assez juste du vrai courage sous ses deux aspects dans cette formule célèbre: *abstine et sustine* ανεχου χαί υπεχου, c'est-à-dire que le courage consiste à s'abstenir de certaines choses agréables et à supporter certaines épreuves pénibles.

Ainsi, la tempérance, la résignation, le dévouement, l'abnégation ou le sacrifice et le renoncement de soi-même sont des expressions diverses mais également méritoires, également admirables de la même vertu: *Constantia animi fortitudo.*

Il nous paraît donc oiseux de comparer *le courage civil au courage militaire* comme l'a fait Cicéron dans le De Officiis, et de discuter sur leurs mérites relatifs.

Il vaut mieux de dire que toutes les sortes de courage se valent, étant de même prix devant la conscience.

*L'effort moral* est en effet aussi respectable dans la *continuité* des petites choses et dans ce qu'on appelle les petits sacrifices renouvelés et prolongés que dans certaines occasions rares et éclatantes.

Rien ne peut être plus difficile que de renouveler cet effort tous les jours, de dépenser et d'user pour ainsi dire son courage dans des épreuves sans gloire.

Le signe du vrai courage, dit Cicéron, n'est pas dans la témérité, mais dans la présence d'esprit et dans la prévoyance.

L'important est d'être toujours maître de soi, αυταρχησ.

On ne peut pas tous les jours *se dévouer* et il n'est pas donné à tout le monde de signaler son courage et sa vertu par une action d'éclat, mais à côté des héros de la vie militaire et de la vie civile, de l'histoire et du théâtre, il y a les héros obscurs de la vie ordinaire, et si tout le monde ne peut pas être un héros, un sage dans le sens orgueilleux et exclusif de la Doctrine Stoïcienne, il n'est personne qui ne puisse et ne doive travailler à résister aux passions mauvaises, à combattre un ennemi intérieur que chacun porte et nourrit en soi, à maintenir et à fortifier en lui-même les droits de sa raison et les droits de sa liberté.

On peut résumer tous les devoirs envers nous-mêmes dans cette formule: *perfectionne-toi incessamment toi-même.*

S'améliorer, disait Gœthe, tout est là, dans la vie comme dans l'art.

La personnalité humaine réside dans la volonté libre, la volonté libre se détermine par elle-même, mais elle ne le fait jamais sans motifs.

Il y a deux sortes de motifs:

1° Les uns qui sont des penchants, des passions, le plaisir ou la peine, le désir, etc., viennent de la *sensibilité*.

2° Les autres qui sont des idées, des conceptions de l'esprit, etc., ont leur siège dans la *raison*.

Comme Bossuet, nous ne saurions donc trop insister sur la supériorité incontestable de la nature humaine; un esprit raisonnable dans un corps admirablement organisé (mens sana in corpore sano) qui se sent née pour connaître la vérité absolue et pour être heureuse à jamais.

Le bonheur est inséparable de la probité et de la vertu, comme le malheur de la méchanceté et de l'injustice.

Le bien, c'est l'ordre, la mesure, l'harmonie, le vrai bonheur consiste donc à modérer ses désirs, non pas à les exalter et à les satisfaire.

Le sage ne se proposera donc pas pour fin le plaisir, mais ce qui est juste.

Opérations intellectuelles, opérations sensitives, organisation et fonctions du corps, tout se rapporte dans l'homme, selon Bossuet, tout concourt à une fin commune, au bonheur, mais pour être heureux, il faut connaître le bien et l'aimer.

Cicéron pense que tout ce qui est bien, honnête doit être recherché pour lui-même, sans aucune vue particulière d'intérêt.

Ce qui rend plus tolérables les douleurs grandes et longues: *ingentes curæ stupent*, c'est la patience, c'est la force d'âme, tout ce qui est juste et honnête est donc désirable par lui-même, là est le vrai et le seul bonheur.

La sobriété et l'économie sont les garanties naturelles, ordinaires et pratiques, de la santé et du bien-être.

La tempérance est pour les hommes le plus grand des biens, elle est même la vraie source de la pure volupté, et seule elle peut nous faire connaître les vrais plaisirs.

La débauche au contraire produit les effets contraires.

Les intempérants sont enchaînés à la personnelle servitude, car le plus grand des maux est certainement dans l'abaissement et la dégradation moral, la laideur du vice.

En somme, on n'a jamais pu rien trouver de mieux pour être heureux que d'être vertueux, il n'y a pas d'autre art l'être heureux.

Le système de Socrate est: *se connaître soi-même et connaître la justice.*

Il insiste surtout sur le respect que l'on doit avoir pour les lois de son pays, et il prouve que la justice consiste dans l'obéissance à la loi civile autant qu'à la loi naturelle.

Pour cela, il enseigne à ses disciples la *dialectique*, c'est-à-dire l'art de distinguer et de *définir* les objets pour en parler toujours avec justesse.

Il témoigne en outre son dédain pour toute science qui serait inutile dans la *pratique*.

Il vaut mieux d'après lui exercer un métier que d'être à charge aux siens et à la société, ou que de vivre dans la misère ou l'oisiveté.

La fortune, il est vrai, est pour beaucoup dans nos succès et dans nos revers, mais l'homme a pour lui l'intelligence qui lui permet de suffire à tous ses besoins, surtout à l'aide des sociétés.

Le vrai but des arts industriels ne doit donc pas être simplement la jouissance physique ou le bien-être matériel.

Mais qui pourrait nier que l'Industrie ne concoure dans une très grande part à l'accomplissement des fins morales de l'homme et de la société elle-même, en favorisant la circulation des idées, en rapprochant les membres épars de la grande famille humaine, en multipliant les relations et les communications entre les peuples, en faisant tomber peu à peu les haines nationales?

Ainsi envisagée, elle prend place parmi les développements les plus nobles et les plus élevés de l'intelligence et de l'activité humaine.

Il en sera de même du commerce extérieur non seulement avec les peuples nos voisins sur l'ancien continent mais encore chez les populations lointaines, non encore civilisées des pays nouveaux peu connus, répandus sur tout le globe terrestre par une politique coloniale suivie, sage et raisonnée.

La science serait en effet stérile si elle ne devait servir au bien de l'humanité tout entière.

Le bien de la grande association des hommes voilà donc le but que chacun doit se proposer.

Si la liberté est l'essence humaine, l'égalité entre tous n'est pas une loi moins impérieuse.

Par cela même que les hommes sont libres ils sont nécessairement égaux, c'est une corrélation incessante.

Tous les individus partent d'une même origine, ils ont tous les mêmes besoins, plus tard les uns auront plus de forces corporelles, les autres de moyens intellectuels, et de là surgiront des variétés dans les personnes, mais qu'importe au droit d'égalité ? Tous ont les mêmes droits.

Ce sont les règlements ultérieurs, les règlements imaginés après l'établissement de la société qui ont répandu l'obscurité sur la question d'égalité, au point de départ, il n'y en a aucune, c'est par eux que l'on a connu les distinctions de naissance et de fortune, que certains droits purement arbitraires y ont attachées.

La vraie noblesse n'est pas dans la naissance, car dit Platon : « *Point de Roi qui n'ait pour aieux des esclaves, point d'esclave qui n'ait des Rois pour aieux* » mais dans la philosophie et dans la vertu.

Ni la naissance, ni la fortune, ni la force, ni les ressources de l'intelligence ne donnent droit à un homme d'entreprendre sur le droit d'un autre, *le droit dominant tout*, richesse, force et moyens intellectuels.

Servir la philosophie, voilà la véritable liberté selon la belle maxime d'Epicure.

L'homme, les animaux, tout ce qui a vie ou organisation, le monde enfin, ont leurs lois résultant de leur manière d'être.

Il y a deux sortes de lois, les *lois naturelles* et la *loi morale* dont le code est aussi strictement obligatoire que celui des lois écrites.

Ainsi, pratiquer la vérité et la bienfaisance envers tous est une loi naturelle, agir conformément aux lois de sa conformation, c'est moralité, se conduire dans un sens contraire c'est immoralité.

Le vrai sage n'est pas celui qui se contraint sans cesse, qui se prive de tout, qui est perpétuellement en lutte avec les tendances de sa personnalité, mais celui qui atteint ce but final de la nature, qui satisfait dans de justes bornes les besoins effectifs, qui accorde le plaisir avec le devoir, qui accomplit l'existence enfin dans ses diverses énergies.

Le bien-être est le point de mire de tous les hommes

ssurément, mais ils s'abusent le plus souvent et ils
'égàrent.

Le bonheur est plus près de nous qu'on ne le croit
ommunément et cependant combien nous nous tourmen-
ons pour le trouver !

La nature n'accorde qu'une certaine dose de jouissances,
n ne peut l'excéder et il est possible généralement de la
rendre dans quelque rang de la vie sociale que ce soit.

Le travail lui-même est une des conditions du bonheur,
ar le repos n'a réellement de mérite que par lui.

L'homme riche, mais désœuvré, magnifiquement logé,
légamment vêtu, faisant bonne chère, possédant de jolies
emmes, ayant de beaux équipages, a qui rien ne coûte,
'ennuie et baille.

Au contraire, l'homme d'un état inférieur et occupé,
uand il change son vêtement usé contre nn neuf, ou qu'il
e donne à certains jours un mets meilleur qu'il partage
vec sa femme et ses enfants, éprouve une jouissance que
e peut comprendre celui qui a tout à ses ordres.

Les sens de l'homme étant bornés, ils s'émoussent, se
étrissent par la fréquence et l'habitude.

On ne peut vivre agréablement, dit le Sage de Gargetium,
i l'on ne vit pas honnêtement.

L'humanisme ne peut durer inerte, il agit constamment,
. est sans cesse à la découverte des choses qui peuvent
ontribuer au bonheur de l'homme et de la société.

L'utile qu'il ne faut pas séparer de *l'honnête* est l'objet
.e sa grande recherche.

L'utile, cet actif principe des actions humaines frappe les
eux comme tous les principes, il est exposé aux troubles
u'amènent à leur suite les mauvaises passions, mais
arce que les mauvais calculs de la cupidité l'accom-
agnent souvent, il ne faut pas le rendre responsable de
es égarements, près de lui est aussi placée la raison qui
eille incessamment, qui indique ce qui est bien, juste et
eau.

L'utilité bien entendue est la mesure du bonheur.

**Fraternité.** — L'utile sans la prudence et la bienveil-
ance en effet, perd son véritable caractère, sans la pru-
ence ce qui paraît avantageux dans le moment actuel,
eut devenir une occasion de dommage bientôt après,
ans la bienveillance il peut être un sujet de désordre
t de regret.

L'utile dirigé par l'amour devient donc la véritable source de la morale.

Dans une société, tous ses membres doivent s'entendre et se faire des concessions mutuelles, de là les principes immortels de Fraternité que nous a légués la Révolution.

C'est ainsi que le sacrifice se trouve forcément dans la règle de l'intérêt et que s'obtient au total le bien-être social.

La recherche du plaisir et la fuite de la douleur sont une suite nécessaire de notre organisme même.

D'autre part, la raison nous apprend que chaque individu en usant de ses droits, ne doit point léser ceux des autres, elle nous apprend que l'homme se nuit à lui-même et prêche contre l'amour de l'utile s'il dépasse dans la satisfaction de ses désirs la limite des besoins réels.

Rechercher son bien-être propre sans froisser le bien-être des autres, ou plutôt marcher au bien-être général, par son bien-être personnel, tel est *l'utilisme*.

L'humanité est donc ainsi faite, l'utile est une de ses lois impérieuses.

Pour que l'objet nous procure un véritable plaisir il faut qu'il se fasse attendre et que l'on ait quelque peine à l'obtenir.

Toutes les jouissances corporelles en sont là.

Les jouissances morales et intellectuelles sont également à la disposition de tous, mais elles ont un grand mérite que n'ont pas les premières, c'est de s'étendre à volonté, l'une conduisant à l'autre, à l'infini, sans dégoût ni satiété.

A l'époque actuelle on exalte beaucoup les jouissances matérielles, on y aspire, gouvernants et gouvernés, avec une sorte de frénésie qui ne fait que dépraver l'humanité.

Il y a d'autres plaisirs et la société pour être honorable doit subordonner les tendances corporelles à l'intelligence de manière à mettre l'harmonie et la dignité dans l'ensemble.

La nature le veut ainsi, il n'y a de vrai bonheur qu'à cette seule condition.

Pour ce qui est de l'homme juste, quelle que puisse être l'infortune qui vienne le frapper, il a toujours par devers lui des jouissances que rien ne peut lui ravir.

La grandeur d'âme est définie par les stoïciens: *Virtus propugnans pro æquitate*.

Après les devoirs de l'humanité viennent ceux qui nous lient à notre patrie et enfin à notre famille.

D'après la loi stoïcienne l'homme est né pour la justice, l'ordre et la raison, il doit vivre selon la nature: *sequere naturam*, il n'y a qu'un bien dans le monde, la *vertu*, il n'y a qu'un mal, le *vice*.

Les causes de la grandeur du peuple Romain furent selon Montesquieu l'amour de la liberté, du travail et de la patrie, les dissensions intestines qui donnaient du ressort aux esprits mais qui cessaient tout à coup à la vue de l'ennemi commun, la constance après le malheur qui ne désespérait jamais de la patrie et de la République.

Dans les circonstances périlleuses nous devons donc sacrifier notre propre intérêt à ceux de la Patrie.

L'ordre réel ne peut exister qu'autant que tous les besoins corporels ou intellectuels sont satisfaits.

C'est dans la recherche de ces besoins et la coordonnance des institutions correspondantes que consiste l'art de la législation.

Ceux qui s'occupent des affaires publiques doivent se donner tout entiers à l'intérêt public, comme le veut Platon, et s'oublier eux-mêmes, ils ne doivent pas travailler pour un parti, mais pour tous les citoyens.

L'homme politique et le bon citoyen montrent surtout leur courage en écartant l'ambition personnelle, l'esprit de parti, l'orgueil dans la prospérité, les rancunes et les haines privées, et surtout la colère dans l'application du châtiment.

Le plus grand bien-être possible ou la maximisation du bonheur, tel doit être l'objet continuel du moraliste et du législateur.

Si en retranchant des jouissances aux uns ils augmentent dans une proportion supérieure le bonheur des autres, ils ne doivent pas hésiter, la grande famille est préférable à la petite, c'est ainsi que le sacrifice suivant le cas peut être justement imposé.

On est presque toujours parti des droits des individus pour arriver aux devoirs de la société envers eux, le procédé inverse serait plus exact, partir des droits de la société pour arriver aux devoirs des individus.

Le grand art serait donc de procurer le bonheur individuel par le bonheur général.

A côté du droit naturel vient se placer le droit des gens ou international, c'est-à-dire de peuple à peuple.

Rien n'est plus utile aux hommes que les hommes eux-mêmes, donc, s'il est vrai que les hommes peuvent beaucoup nous nuire ou nous servir, le propre de la vertu sera de les concilier et de se procurer leur appui.

Pour acquérir la bienveillance et la considération des hommes il faudra toujours rechercher les moyens les plus honorables.

La loi naturelle d'homme à homme se transporte en effet de nation à nation et les devoirs de société à société sont les mêmes que ceux d'homme à homme.

Les êtres inférieurs à l'homme ont cela de commun qu'ils sont dépourvus de raison.

Ils ont néanmoins des différences qui marquent le progrès des espèces et les degrés de l'échelle ascendante des êtres.

Parmi ceux qui se rapprochent le plus de l'homme, plusieurs vivent sous son empire et partagent ses travaux, il est tenu de se comporter à leur égard en être raisonnable.

Il peut et doit les faire servir à son usage et à ses besoins, mais il lui est défendu d'en faire un jeu pour ses caprices de les détruire ou de les faire souffrir sans raison.

Il agirait alors non en maître mais en tyran brutal et cruel.

Il le doit d'ailleurs à lui-même et dans l'intérêt de sa propre moralité.

Si dans ses rapports avec *les animaux* il se laisse en effet aller à la passion, aux emportements de la colère, s'il agit avec cruauté et sans pitié, lui-même se dégrade, il en résulte pour lui des habitudes mauvaises qu'il transporte bientôt dans la société et dans son commerce avec ses semblables.

# CONCLUSION

**Gouvernement.** — L'Etat ou la société civile n'est pas seulement une agglomération d'hommes sur le même sol, la communauté d'origine, de mœurs et de langage, celle des intérêts, des traditions, des croyances religieuses, ne la constituent pas encore. De là résulte assurément l'unité sociale qui quand elle a conscience d'elle-même et est animée du même esprit, s'appelle un peuple, *une nation*.

Mais l'Etat n'existe réellement que quand un certain nombre d'hommes se trouvent réunis sous l'empire des mêmes lois et reconnaissent une même autorité, c'est-à-dire lorsqu'intervient l'idée *du droit* et d'un pouvoir qui le représente.

On peut donc définir l'Etat une association d'hommes soumis aux mêmes lois et au même gouvernement.

L'Etat est fondé sur une idée, sur la notion *du droit*.

La Justice crée l'Etat qui est la réalisation du droit *Societas Juris*, a dit Cicéron.

Formée d'êtres intelligents et libres, la fin de cette société c'est la fin de l'humanité même, savoir: le développement complet et régulier des facultés humaines, sous l'empire et la protection de la loi, qui en règle l'exercice extérieur et empêche que ces êtres n'empiètent les uns sur les autres, ne violent leurs droits réciproques.

Ce pouvoir est sans doute limitatif, mais avant tout protecteur.

L'oppression et le despotisme sont contraires à son essence.

Son but est l'ordre, mais l'ordre matériel, c'est l'ordre dans *la liberté*, car ce sont des êtres libres dont il s'agit de régler les rapports.

*Le droit et la liberté* sont donc le vrai but commun, le principe de la société civile.

En entrant dans la société civile l'homme ne fait pas l'abandon d'une partie de ses droits et de sa liberté, il renonce à la liberté sauvage, un frein est imposé à sa volonté capricieuse et à ses passions.

Il se soumet à la loi, c'est-à-dire si elle est juste, à la raison.

C'est la passion, le caprice, la volonté arbitraire, qui sont limités et contenus dans l'Etat bien ordonné.

La volonté bien ordonnée, loin d'être comprimée, ne peut trouver qu'ici son libre développement.

Toute société régulièrement constituée et organisée suppose une puissance publique qui maintienne l'ordre, protège les faibles contre les forts, établisse des lois et les fasse exécuter, représente et personnifie *l'Etat, le défende* contre les agressions étrangères et contre les entreprises de l'anarchie.

Ce pouvoir ou cet ensemble de pouvoirs, c'est *le gouvernement.*

Le but général de toute société, avons-nous dit, est le développement libre des facultés humaines sous l'empire de la justice qui en règle l'exercice intérieur.

**Nationalisme.** — En même temps chaque peuple a une vocation particulière qui résulte de son génie propre, de ses traditions et de son histoire, de ses mœurs, de sa position géographique, de ses rapports avec les autres peuples, etc.

Le devoir du gouvernement est donc de savoir comprendre cette double fin, de diriger sur ce but la société à la tête de laquelle il est placé.

S'il est le plus propre à remplir cette mission et s'il la remplit en effet, s'il est en parfaite harmonie avec la société, son esprit, ses mœurs, ses intérêts ses besoins, *il est légitime.*

Se met-il en opposition ouverte et complète avec elle, il cesse de l'être et risque de se perdre.

Là est le principe des révolutions qui renversent les dynasties et les trônes.

L'origine du droit, c'est *la liberté,* elle est la racine commune de tous nos droits.

Régler l'exercice des libertés individuelles de manière qu'elles ne se nuisent pas les unes aux autres, par là assurer leur libre développement, tel est le but de la *loi civile.*

Elle doit limiter, mais pour favoriser et protéger, non pour détruire et empêcher, c'est là le véritable objet de la loi civile comme de la société en général de là l'égalité *devant la loi.*

Celle-ci consiste dans l'égale protection que la loi accorde à tous les membres de la société, dans l'exercice légitime de leurs droits.

L'homme n'est pas en effet comme l'animal un simple composé d'organes matériels et pourvu d'instincts nécessaires à l'entretien de la vie, c'est essentiellement une personne morale qui a le respect de sa vie et exige le respect des autres.

De là l'origine du droit et du devoir entre lesquels la raison suffit pour établir une morale.

La nature nous apparaît tout d'abord comme un ensemble de forces aveugles et fatales.

L'homme au contraire a pour attributs essentiels la raison et la liberté.

La nature n'a aucun droit sur lui, mais il a des devoirs vis à vis d'elle, le premier c'est de maintenir contre elle sa liberté.

Elle exerce sur lui de profondes influences, il doit s'affranchir autant qu'il est en lui de son joug, la vaincre par son intelligence et son activité.

Le résultat de cette lutte c'est le triomphe de l'esprit sur la matière, de la *liberté* sur la *fatalité.*

Tel est le spectacle que nous offrent l'industrie et les merveilles qu'elle accomplit sous nos yeux.

L'homme libre a donc besoin *d'énergie, de persévérance et de possession de soi-même,* tout comme il a besoin de sang, de nerfs et de muscles.

Ces qualités ne s'enseignent pas, elles se cultivent.

Sans doute, la notion du bien est gravée dans la conscience de tous les hommes, elle est innée et fait partie de sa raison, mais si la nature a mis en nous les éléments de la vertu, ce n'est là qu'une ébauche, il reste à développer ces éléments et à en former selon l'expression admirable de l'auteur Latin; « Tout le poëme de la nature » pour cela l'éducation est nécessaire, or la science y joue un rôle utile qui lui est propre.

La vertu doit donc s'enseigner et il y a un art d'être homme de bien.

Il est des situations difficiles dans la vie où l'honnête lui-même semble s'opposer à l'honnête, et les devoirs rentrer en conflit.

Qui décidera dans ces cas douteux?

La conscience, sans doute, mais une conscience éclairée autant que pure.

La science doit s'y ajouter, elle seule sait les limites et peut les poser.

« On n'est bon juge, dit Aristote, que de ce que l'on connaît bien. »

Il n'y a d'utile pour les nations comme pour les particuliers que ce qui *est juste*.

Le plus bel exemple est la réponse des Athéniens qui consultés par Thémistocle sur un projet avantageux à l'État, jugèrent sur l'avis d'Aristote que ce qui n'était pas honnête n'était pas utile; *quod honestum non esset, id ne utile quidem putaverunt*, et le rejetèrent sans vouloir le connaître.

Dans les cas simples et ordinaires l'esprit démêle sur le champ *le bien et le mal* comme dans une proposition simple, il décerne le *vrai du faux*.

Il comprend par exemple qu'il est conforme à la nature d'un être intelligent de connaître la vérité, que l'ignorer volontairement, l'altérer et la défigurer est un mal.

Pour lui la franchise et la véracité sont des qualités louables, le mensonge et la dissimulation des vues méprisables.

L'ingratitude lui paraît odieuse et la reconnaissance envers ceux qui lui font du bien *un devoir*.

La vertu a de tels charmes que les méchants eux-mêmes ne peuvent s'empêcher de lui rendre hommage, et l'hypocrisie est encore un hommage que le vice rend à la vertu.

Aussi l'essence même du caractère National Français est-elle, d'être *franc*.

**Propriété.** — La justice se définit ordinairement, *rendre à chacun ce qui lui est dû*. « *Suum cuique tribuere* » mais cette formule est peu précise, la justice est le respect du droit, *le droit* est sa base ou son principe, son origine est le sentiment de notre *liberté*, comme condition de l'accomplissement du devoir ou de notre destinée morale.

De plus si la liberté est inviolable tout ce qui émane d'elle, ce que la personne s'est assimilé ou approprié par un développement légitime doit-être également respecté.

De là tous nos droits et toutes nos libertés, la *liberté individuelle*, celle de *la pensée*, le droit de posséder, de vendre, d'acheter, etc.

*Sois juste*, ne porte pas atteinte aux droits de tes semblables, tel est le premier précepte de la morale sociale, mais il est plus *négatif* que *positif*, c'est une défense plutôt qu'un ordre.

Ne pas nuire à autrui n'est que la moitié de la loi, à la justice et à la probité doit s'ajouter *la bienfaisance*.

La propriété est une des bases de la famille et de la société civile.

Le principe d'où découlent nos droits comme tous nos devoirs, *c'est la liberté*, or, le caractère essentiel de l'être libre c'est de *se posséder soi-même*, d'être maître de soi, *(sui compos)* et maître de toutes ses facultés.

Celles-ci au moins, on ne peut le nier, lui appartiennent.

Il a le droit et le devoir de les exercer, de les cultiver et de les développer.

L'homme ne peut être une personne qu'à cette seule condition, ce qui distingue précisément *la personne* de *la chose*, c'est que la chose ne se possède pas et que l'homme se possède, on ne peut au moins lui contester cette première propriété. Or, celle-ci reconnue, toutes les autres en dérivent.

Se possédant lui-même l'homme ne peut être possédé sans cesser d'être homme.

De plus il ne peut exercer et déployer sa liberté qu'en possédant certains objets qui dès lors lui appartiennent en propre.

Il possède ses facultés, elles font partie intégrale de son être individuel ou de sa personne, elles lui sont des moyens ou des instruments pour l'étendre au dehors.

Il prend possession ainsi de son corps et de ses organes.

Par son corps, son activité libre passe dans le monde extérieur. Là, il rencontre les choses.

Le propre de la chose c'est de ne pas s'appartenir et de pouvoir être possédée.

Il s'en empare donc, si elles ne sont déjà possédées.

Il *les occupe* d'abord, et il ne le peut sans énergie *personnelle*, il les façonne, les féconde, et les transforme par son *travail*.

Par là il se les approprie et *les fait siennes*.

Plusieurs même sont créées par lui. Le moi, la personne communique ainsi à la chose son inviolabilité.

Mais ce qui lui appartient, il a le droit d'en user et d'en disposer, de le donner, de l'échanger, de le transmettre, sans cela la propriété est illusoire.

Cela se fait, il est vrai, sous certaines conditions que la loi civile règle, mais qu'elle ne crée pas.

La loi n'a pas le droit sous le prétexte de régler les conditions de la propriété, de détruire ce qu'elle est appelée à garantir.

Tel est le principe de la société.

Il n'a sa source ni dans *la loi civile* puisqu'il est antérieur, ni dans un *contrat primitif*.

*L'occupation, le travail*, et la *production* eux-mêmes ne doivent être regardés que comme des modifications de la *liberté* humaine, véritable principe du droit de propriété comme de tous nos droits.

De sorte qu'on peut définir la propriété *la liberté dans sa manifestation extérieure*

Tous les systèmes qui attaquent la propriété aboutissent forcément au despotisme et à l'esclavage.

Là où la propriété se trouve menacée la liberté l'est aussi.

En effet, supposons que je n'aie pas le droit de rien posséder au propre ni d'acquérir, de recevoir, de donner, de transmettre, que devient ma liberté?

Refoulée en moi, dans le for intérieur, ma volonté elle-même ne peut plus se manifester au dehors, ni se développer.

Je suis esclave de l'être individuel et collectif qui dispose de mes actes, de ma subsistance, de mes facultés, de ma vocation, qui peut à son gré, régler, mesurer toutes mes actions, imposer à mon travail, à ma pensée, à mon activité tout entière.

**Socialisme.** — Comme l'a très bien dit Michelet. « *La Société dure sur deux bases: Justice et Pitié.* »

Toutes deux, la Justice et la Charité, dérivent de la nature même *de l'ordre social*, non du penchant sympathique ou de l'intérêt soit particulier, soit général.

Aussi, sont elles deux devoirs également *obligatoires et et universels.*

Ce peut être un crime égal selon Cicéron de laisser son semblable périr quand on peut le sauver ou de lui ôter la vie.

*La justice* a son principe dans l'idée du droit, de l'inviolabilité de la personne humaine comme chargée de se développer elle-même, d'accomplir à ses risques et périls sa destinée individuelle.

*La bienfaisance*, au contraire a sa source dans la nature et dans la destinée commune des êtres raisonnables et libres, dans l'idée d'une fin générale à laquelle ils doivent concourir, tout en accomplissant leur destinée particulière mais en conservant leur liberté individuelle premier attribut de l'être moral.

L'essence même de la bienfaisance est donc la *spontanéité*.

Les hommes sont faits pour s'aimer et s'entr'aider. Quand donc au lieu d'exciter la haine des individus et des collectivités, surgira de l'esprit de chacun l'idée de prêcher l'amour mutuel !

C'est que malheureusement à la fin de ce siècle de lumière et de progrès, beaucoup au lieu de suivre l'élan de leur cœur ne veulent entendre que la voix de leur intérêt.

Certes, nous ne voulons pas prétendre voir le bonheur parfait régner sur notre malheureuse planète, mais du moins désirer un rapprochement entre les individus et les nations.

Ceux qui possèdent doivent donc venir en aide à ceux qui n'ont rien, non pas par l'aumône qui est dégradante pour celui qui la reçoit, et qui est quelquefois un encouragement à la paresse, mais par l'assistance, par le travail.

En inculquant aux jeunes générations les idées du devoir et l'amour profond du travail ainsi que le mépris de l'argent et des grandeurs nous ferons du peuple Français un peuple libre et par conséquent heureux.

Notre plus grande ambition doit-être en effet de rendre la vie douce pour tous, mais si l'homme est tenu de conserver sa vie toutes les fois que le sacrifice n'en est pas nécessaire, il ne doit pas non plus craindre la mort, mais savoir aussi l'affronter quand il en est besoin.

Qu'il sache aussi l'attendre paisiblement sans vaines terreurs, s'il a bien vécu elle n'a pour lui rien de bien effrayant.

Vivre, disent les vrais philosophes, c'est apprendre à mourir.

Heureux donc celui sur la tombe duquel on peut mettre cette simple épitaphe: *Il fût bon et il fût juste!*

Si l'idée de religion tend à s'évanouir de plus en plus, le dogme de la raison et le culte de l'humanité la remplaceront avantageusement aux débuts du siècle prochain.

Sont socialistes tous ceux qui veulent assurer à chacun

la plus grande somme de bien-être moral et matériel, en exigeant de lui le moins de travail possible et qui sans repousser l'initiative privée en l'encourageant au contraire, admettent l'intervention de l'État toutes les fois qu'elle est utile et nécessaire.

Cette définition suffit parfaitement à caractériser le socialisme et a le grand avantage de ne pas exclure ceux qui tout en voulant les réformes sociales aussi ardemment que personne, prétendent les réaliser sans toucher à la propriété individuelle et en tendant non pas à la lutte des classes entre elles mais au contraire à leur union.

**Internationalisme.** — Les rapports entre les nations sont régis par les mêmes principes de droit et de morale que les rapports entre les individus.

Au lieu d'apprendre aux hommes, à s'entretuer on s'occuperait de leur faire des conditions acceptables de vie, cela ne serait-il pas de beaucoup préférable et plus conforme aux lois de la nature?

Le rêve de tant de penseurs et philosophes que poursuivent aujourd'hui parmi le monde civilisé tous les apôtres de pacification universelle, ce rêve qui semble toujours une utopie et qui sera vérité demain, est-il à la veille enfin de se réaliser?

L'humanité certes n'en connaît pas de plus beau que celui-là, mettre bas les armes, et résoudre l'accord des peuples et des races, dans l'harmonie universelle des êtres.

Quel idéal plus élevé de fraternité sublime pourrait donc en effet dominer les hommes?

Loin de nous la pensée de vouloir supprimer les frontières de *la Patrie Française* mais il nous semble que par ce temps de paix armée plus lourde que la guerre elle-même, il est possible de provoquer un rapprochement entre les peuples qui paraissent même être les plus ennemis!

Les charges militaires s'élèvent à un *milliard* soit à peu près à un tiers du budget total de la France.

Si on suppute les dépenses annuelles sur le même chef à peu près égales en Allemagne, en Autriche, en Russie, etc., on trouve depuis 27 ans un total de: *cent huit milliards*, d'armes et d'armements, sans tenir compte de ce que le service militaire des plus jeunes et des plus robustes du pays enlève à la production et à la fortune publique.

Supposez que cette somme stérilisée de préparatifs hostiles et même la moitié seulement, ait été appliquée à la solution des questions sociales, aux caisses de retraite, à l'assistance, aux associations professionnelles!

Une société qui disposerait simplement d'un demi-milliard annuel en faveur du travail et de l'assistance ne serait-elle pas aussitôt la fin de la misère et des misérables?

Ne contribuerait-elle pas à l'avènement de la paix sociale, et à la réparation de l'injustice de la fortune?

Le maintien de la paix générale et une réduction possible des armements successifs, qui pèsent sur toutes les nations se présentent dans la situation actuelle du monde entier, comme l'idéal auquel devraient tendre les efforts de tous les Gouvernements.

Le moment paraît en effet on ne peut plus favorable à la fin de ce siècle de progrès, de lumière et de civilisation, au seuil du XXe siècle qui va s'ouvrir sous les auspices de cette grande manifestation de *l'Exposition Universelle de 1900* où vont se donner rendez-vous tous les peuples du monde entier pour la grande lutte pacifique; à la recherche dans la voie de la discussion internationale des moyens les plus efficaces à assurer à tous les peuples les bienfaits d'une paix réelle et durable, et à mettre avant tout un terme au développement progressif des armements actuels.

Ce but élevé répond assurément aux intérêts les plus essentiels et aux vœux les plus légitimes de toutes les puissances.

Quel est en effet le penseur qui n'a pas déploré un état de choses devenu pour tous les peuples stérilisant et ruineux?

La consécration de la paix vient d'être posée comme le but de la politique internationale, rien de plus noble et de plus grand n'a été fait dans ce siècle que cette initiative de l'Empereur de toutes les Russies, l'autocrate du plus vaste Empire du monde, pour le désarmement et l'arbitrage.

Nous avons vu le jeune Empereur prendre la magnanime résolution de provoquer à l'aurore du XXe siècle une entente internationale pour le désarmement général, pour mettre fin à cette paix armée si écrasante pour le peuple.

Par cela, il a droit à la plus belle page de l'Histoire et mérite le surnom de *Bienfaiteur de l'Humanité* que ne manqueront pas de lui décerner les siècles futurs en proclamant *le droit et l'équité*.

Ce jeune souverain ne croit plus à la nécessité des grandes armées pour la grandeur et la prospérité d'une nation, il a compris que les armements concurrents appauvrissent les peuples, créent un état de paix aussi ruineux que la guerre, il a ressenti l'aversion de ce système guerrier qui confisque les ressources, le travail, l'activité de millions d'hommes, qui absorbe les plus certaines richesses des nations en vue d'hécatombes aux dates de plus en plus lointaines.

Quel que soit le résultat de la proposition du Tzar de réunir une conférence pour arrêter le développement successif des armements, l'humanité entière doit se réjouir que l'Empereur ait semé ce bon grain de pacification qui produira tôt ou tard inévitablement des germes bienfaisants.

De la paix générale naîtrait en effet la liberté et se produirait l'ascension de tous les peuples vers la vraie démocratie quelle que fût la forme extérieure de leur Gouvernement.

De la paix armée il ne peut résulter qu'appauvrissement, assurer la paix universelle c'est donner la richesse au monde entier et avoir droit à sa reconnaissance éternelle.

L'Aréopage Européen établi évoluera comme tout au monde sous l'influence bienfaisante de la paix; l'idée que les relations entre les peuples doivent être réglées non par la force mais par le droit, aboutira naturellement à ce principe que les peuples seuls comme les individus ont le droit de disposer d'eux-mêmes.

La réunion d'un congrès pour la paix universelle est certes la plus sublime idée du siècle, sa réalisation serait la victoire du droit sur la force, mais faut-il encore qu'elle présuppose la justice égale pour tous, faibles comme forts.

Nous entendons bien certains grands patriotes nous crier haro! car il reste toujours à la France la plaie non cicatrisée qu'elle porte à son flanc, la question pendante des deux Provinces perdues, l'Alsace et la Lorraine.

Mais ceux qui connaissent l'histoire de la patrie française savent que les armées nationales de la République ont remporté à elles seules plus de victoires sur l'ennemi que le calendrier lui-même peut compter de jours dans une seule année, et que s'il nous fallait célébrer tous ces anniversaires glorieux, ce serait bientôt la ruine même du pays, car cela nécessiterait la stagnation complète des affaires.

Il est en outre certaines défaites, comme celle de la France en 1870, qui sont aussi glorieuses sinon plus glorieuses pour un peuple que des victoires faciles, lorsqu'une nation a su soutenir pendant de si longs mois l'invasion étrangère et que la patrie a perdu tout *fors l'honneur.*

Il y aurait donc lieu de régler la question de l'Alsace et de la Lorraine, question primordiale entre toutes pour la paix du monde entier, *pacifiquement.*

La France possède encore assez de milliards et peut avec une indemnité à débattre reconquérir les deux provinces perdues, et cela pour le plus grand avantage de l'Allemagne elle-même.

Ainsi, avec un peu de bonne volonté de part et d'autre se trouverait résolue la question grave d'un désarmement partiel, première source de la richesse publique, tout en sauvegardant l'amour-propre national de chaque peuple.

H. GALLAIS.

Paris, le 23 février 1899.

# TABLE DES MATIÈRES

# OUVRAGES DU MÊME AUTEUR

**Vade Mecum de l'Officier au Tonkin.** Recueil de renseignements utiles sur la vie des postes dans les régions montagneuses, à l'usage des européens allant débuter dans notre nouvelle colonie d'Extrême-Orient.

Augustin CHALLAMEL, Librairie Coloniale,

17, Rue Jacob, PARIS.

Un volume broché in-18, 250 pages . . . . . . . . . 2 fr. 50

---

**La Colonisation dans ses rapports avec la production et la consommation.**

ANDRÉ JOSEPH et Cie, Librairie Coloniale et Africaine,

27, Rue Bonaparte, PARIS.

Une brochure in-18, 72 pages . . . . . . . . . . 1 fr.

---

**Quels seraient les moyens les plus pratiques de combattre l'émigration des campagnes pour les villes ?**

CHAMUEL, Éditeur, 5, Rue de Savoie, PARIS.

Une brochure in-18, 57 pages . . . . . . . . . . 1 fr.

www.ingramcontent.com/pod-product-compliance
Lightning Source LLC
Chambersburg PA
CBHW070938280326
41934CB00009B/1919